KB019498

# 말의 진심

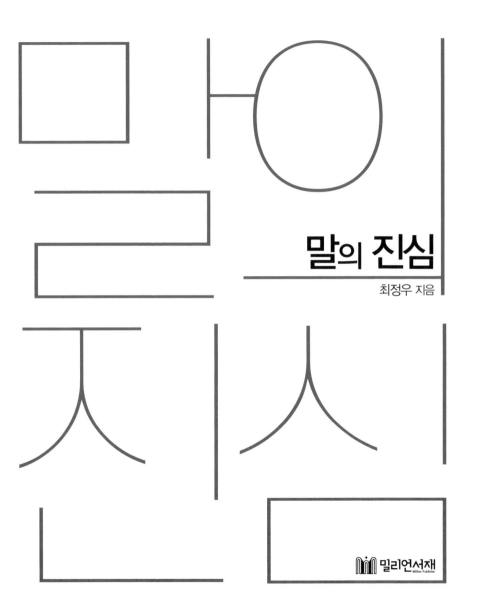

# 말의 진심

최정우 지음

밀리언서재
Million Publisher

# 내 말은 내 마음의 온도 표시

《정글북》 등으로 노벨문학상을 수상한 영국의 작가 러디어드 키플링(Rudyard Kipling)은 "말은 인류가 사용하는 가장 강력한 마약이다"라고 말했다. 왜냐하면 말은 우리의 생각과 감정을 비롯해 심리에 가장 큰 영향을 미치기 때문이다. 사람들은 의식적 또는 무의식적으로 말을 통해 자신의 생각과 감정을 표현한다.

지그문트 프로이트(Sigmund Freud)의 정신분석학 이론에 따르면, 말은 무의식의 욕망이나 갈등을 반영한다. 말을 통해 숨겨진 욕망이나 불편한 감정이 표출될 수 있다는 것이다. 사람의 말은 생각을 통해 나오고, 생각은 마음을 통해 나온다. 그러므로 누군가 자주 하는 말, 즐겨 쓰는 말을 잘 들어보면 그 사람의 생각과 마음을 어느 정도 파악할 수 있다. 따라서 상대의 생각과 마음을 이해하는 만큼 그 사람을 어떻게 대해야 할지 선

택의 폭을 넓힐 수 있다.

심리학에서 말하는 '언어 행동 분석(analysis and behavior of language)'이란 말의 내용뿐만 아니라 말의 속도, 목소리 톤, 몸짓언어 등을 분석하여 그 사람의 심리를 파악하는 방법이다. 말뿐만 아니라 그 사람의 표현 방식, 억양, 몸짓 등을 함께 분석해서 심리 상태를 추론할 수 있다. 예를 들어 누군가 "나는 괜찮아"라는 말을 자주 한다면 그 사람은 실제로는 괜찮지 않을 가능성이 크다. 왜냐하면 자신의 감정을 숨기기 위해 '괜찮아'라는 말을 사용하는 경우가 많기 때문이다.

이처럼 말은 우리가 생각하고 느끼는 것을 표현하는 가장 강력한 도구이고, 우리의 내면을 드러내는 창이며, 우리가 어떻게 생각하고 느끼는지를 탐색할 수 있는 열쇠다.

　"그럴 줄 알았다"라고 꾸중하는 엄마, "내 얘기가 아니라 다른 사람들이 그렇다는데"라며 대화를 시작하는 친구, "왜냐하면"이라며 설명부터 하려 드는 남편, 툭하면 어디가 아프다고 핑계부터 대는 동료 등 습관적으로 쓰는 특정 표현들은 이해하기 어렵고 답답할 때가 있다. 그러나 이러한 말들이 오히려 그 사람의 숨겨진 마음을 알아내는 단서가 될 수 있다.

　작가로서 직접 겪은 이야기, 다른 사람들에게 들은 이야기, 심리학 이론과 연구 결과, 통계 자료, 설문조사 결과 등을 바탕으로 이 책을 썼다. 단순히 말의 패턴을 나열하는 것을 넘어서, 말의 뒤에 숨은 의미를 찾는 데 도움을 주고 싶었다.

　나의 바람이 얼마나 이루어질지 모르겠다. 다만 주변 사람들이 자주 사용하는 특정 표현이나 말을 관찰하고 이해하면 그들

의 내면을 더 잘 이해할 수 있을 것이다. 그렇게 다른 사람들의 마음을 살핀다면 더욱 효과적으로 소통할 수 있다.

언어의 마음을 알아가는 과정을 따라가다 보면 자신과 타인을 이해하는 새로운 시선을 발견할 수 있다. 마음의 속삭임을 듣는 민감한 귀를 갖게 되기를 희망한다.

최정우

## Part 02
## 딱 절반의 표현으로 100% 진심 전하기

## Part 03
## 상대의 마음을 두드리는 말 한마디

Part **04**
# 마음에 진심을 하나 더 얹는 말 한마디

Part **05**
# 단호한 마음을 전해야 할 때

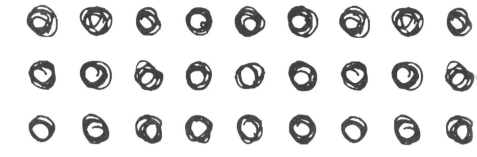

문제 해결도 중요하고,
실용적인 대화도 중요하다.
하지만 그 전에 상대의
## 감정을 먼저 헤아리자.
상대의 머리가 아닌 가슴을 향해
내뱉는 말은 큰 울림을 준다.

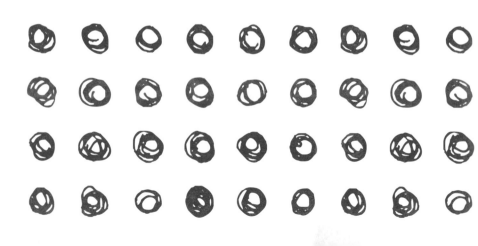

PART

## 01

---

무심코 튀어나온
**진심** 알아차리기

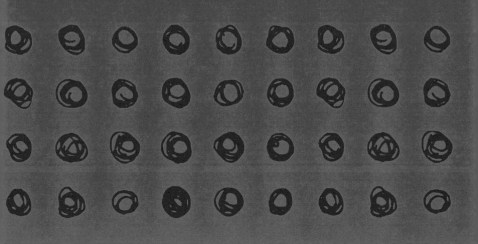

# 01
# 좋은 선택, 나쁜 선택, 이상한 선택

"어제가 오늘의 너무 많은 부분을
차지하지 않게 하라."

미국의 배우이자 작가인 윌 로저스(Will Rogers)의 말이다.

우리는 왜 이미 한 선택에 미련을 가질까? 왜 우리는 이미 한 선택을 마음속에서 지워버리지 못할까? 그 선택을 바꿀 수 없다는 것을 뻔히 알면서도 말이다. 아마도 올바른 선택이었기를 바라는 마음에서 그런 것이 아닐까?

얼마 전 약 1년 동안 투자했던 미국 주식을 모두 팔아치웠다. 앞으로 한동안 주식이 오르지 않을 것이라고 예상했기 때문이다. 결과적으로 주식투자에서 적지 않은 손실을 보았다. 그야

말로 눈물의 손절이었다. 주식을 모두 팔아치울 때까지만 해도 당분간 주식은 쳐다보지도 않을 줄 알았다. 보유하고 있는 종목이 없으니 주가가 올라도 내 이익이 아니고, 주가가 떨어져도 내 손실이 아니다. 또다시 주식투자를 할 수 있는 상황도 아니었다.

하지만 나는 이후에도 매일 주식시세를 들여다보았다. 주식을 모두 팔아치운 것이 올바른 선택이었음을 확인하고 싶은 마음 때문이다. 내가 가지고 있던 종목은 계속 하향 곡선을 그려야 했다. 그것이 내가 바라는 상황이었다.

비슷한 예가 또 있다. 마지막으로 다녔던 회사는 10년가량 재직하던 곳이었다. 평소에 하고 싶었던 일을 하기 위해 회사를 그만두었지만, 쉽지 않은 선택이었다. 내가 하고 싶은 일과 해야 하는 일 사이에서 많은 고민을 하다 결국 회사를 그만두기로 했다.

회사를 그만두고 나면 일절 관심을 두지 않을 줄 알았다. 그 회사가 잘되든 안 되든 더 이상 나와 상관없는 일 아닌가? 그런데 그렇지가 않았다. 퇴사한 지 2년이 다 돼가는 지금도 가끔 그 회사 관련 기사를 검색한다. 주가도 확인해본다. 아직도 회사에 다니고 있는 사람들을 통해 최근의 회사 분위기는 어떤지, 실적은 어떤지, 남아 있는 사람들은 잘 다니고 있는지 소식을 듣는다.

심리학에는 '사후 결정 부조화(post-decision dissonance)'라는 이론이 있다. 일단 결정을 내린 후에도 그 결정에 대한 불편함과 불안감을 느낄 때가 있다. 내가 한 선택이 맞는지 확신이 없기 때문이다. 이러한 불안감을 없애거나 줄이기 위해 '나의 선택이 옳았다'라고 믿는 데 도움되는 정보만을 찾는 심리를 '사후 결정 부조화'라고 한다.

내가 주식을 모두 판 이후에도 주가를 매일 확인하고, 내가 회사를 떠난 후에도 회사의 상황을 틈나는 대로 확인했던 이유도 '사후 결정 부조화'가 작용한 탓이다. 과거에 내가 했던 선택이 옳았음을 확인하고 싶은 마음이다. 그렇게 함으로써 내가 내린 결정에 대한 불편함과 불안감을 해소하기 위한 것이다.

미시간대학교 심리학과 잭 브렘(Jack Brehm) 교수가 수행한 연구 결과에 따르면 사후 결정 부조화 현상은 중요하고 번복할 수 없는 결정일 때 더 빈번히 나타난다고 한다. 그럴수록 자신의 결정이 옳았다는 믿음을 뒷받침해줄 정보를 더 강렬히 찾는 것이다.[1]

## 최고의 선택은 선택 이후에 결정된다

　최근 어떤 선택지를 놓고 심각하게 고민해본 적이 있는가? 고민 끝에 어떤 결정을 내렸는데도 계속 신경 쓰이고 불안했던 적이 있는가? 그럼 당신도 사후 결정 부조화를 겪고 있는 것이다.

　당연히 불안할 것이다. 하지만 돌이킬 수 없다. 이미 선택하고, 결정한 것이니 말이다. 이미 내다 판 주식은 더 이상 내 손에 없고, 이미 그만둔 회사는 더 이상 나와 아무 상관이 없다. 내가 기대했던 대로, 예상했던 대로 된다고 한들 내가 얻거나 잃을 것은 없다. 오히려 예상했던 대로 흘러가지 않는다면 내 속만 쓰리지 않겠는가?

　내 선택이 옳았음을 확인하기 위해 계속 신경 쓰는 과정에서 얻는 초조함, 두려움, 불안감, 스트레스는 누가 보상해줄 것인가? 무엇이 나에게 도움되는지 곰곰이 따져보자.

　펜실베이니아대학교 심리학과 에디 하몬존스(Eddie Harmon-Jones) 교수가 발표한 연구에 따르면, 사후 결정 부조화를 겪는 사람은 그렇지 않은 사람보다 스트레스와 불안감을 더 느낀다고 한다. 스트레스뿐만 아니라 두통, 근육 긴장과 같은 신체적 이상 증상도 더 많이 겪을 수 있다.[2]

신경을 쓰는 만큼 마음과 몸에도 무리가 갈 수 있다는 의미다. 이미 결정한 사항이라도 바꿀 수 있다면 신경 쓰거나 고민하는 것이 의미 있다. 하지만 그렇지 않다면, 최대한 신경을 쓰지 않도록 노력하는 것이 합리적인 마음가짐이다.

이미 선택했고, 돌이킬 수 없다면 깨끗이 잊자. 힘들겠지만 잊으려고 애써보자. 고대 그리스 철학자 헤라클레이토스는 말했다.

"흐르는 강물에 발을 두 번 담글 수 없다."

이처럼 하나의 상황을 두고 2가지 선택을 할 수는 없다. 선택하지 않은 것에 미련을 갖기보다 이미 한 선택에 집중하는 것이 훨씬 낫다. 이미 선택한 것에 더 큰 노력, 시간, 에너지를 쏟아 최고의 선택으로 만들어보자.

어쩌면 옳은 선택과 틀린 선택은 처음부터 정해져 있는 것이 아닌지도 모른다. 나의 선택이 최선이라고 믿고 집중하여 좋은 결과를 만들어내는 것이 최고의 선택을 하는 비결이다.

# 02
## 왜 나만 불행한 것 같을까?

'나는 집 한 채도 없는데 쟤는 벌써 집이 두 채나 있네.'
'나는 아직도 대리인데 내 동기는 다음 달 과장 진급을 하네.'

나의 상황을 남들과 끊임없이 비교하는 사람들이 있다. 우리는 의식적으로든 무의식적으로든 자신을 남들과 비교한다. 비교의 영역은 무한하다. 자신의 외모, 성적, 경력, 심지어 배우자와 소셜미디어의 구독자 수를 비교하기도 한다. 어찌 보면 비교는 인간의 본능인지도 모른다.

미국 클리블랜드주립대학교 심리학과의 리처드 펄로프(Richard Perloff) 교수는 '젊은 여성의 신체 이미지에 영향을 미치는 소셜미디어'라는 주제로 연구를 진행했다. 그 결과에 따르면 소셜미디어에서 몸매 관련 콘텐츠를 자주 접하는 여성들은 자신의 몸에 더 불만을 느끼는 경향이 있었다. 연구자는 다른 여성의 몸매와 자신의 몸매를 비교하는 여성들은 자아 이미지에 부정적일 수 있고, 자신의 몸에 대한 불만족과 신체 이미지에 의한 갈등을 경험할 수 있다고 주장했다.[3]

그렇다면 우리는 왜 나와 남을 비교하는 것일까?

심리학자 레온 페스팅거(Leon Festinger)가 개발한 '사회적 비교 이론(social comparison theory)'에 따르면, 사람들은 타인과 비교해서 자신의 사회적 가치와 개인적인 능력을 평가하는 경향이 있다고 한다. 예를 들어 수학시험에서 83점을 받았다면 잘한 것인가, 못한 것인가? 나 혼자만을 놓고 본다면 판단하기 어렵다. 그래서 다른 사람들의 성적과 비교해서 잘했는지 못했는지를 평가한다.

이러한 이유로 우리는 타인을 의식한다. 문제는 남들과 비교하고 나면 썩 좋지 않은 감정만 남는다는 것이다.

## 부러움, 시기, 질투의 SNS 마케팅

사회심리학자 휘쯔 그레이스 초우(Hui-Tzu Grace Chou) 박사는 '소셜미디어 사용이 우리에게 미치는 감정'이라는 주제로 공동 연구를 수행했다. 그 결과 소셜미디어를 자주 사용하는 사람들은 그렇지 않은 사람들보다 부러움, 시기, 질투, 의기소침을 더 많이 느끼는 것으로 나타났다. 자신의 삶이 다른 사람들보다 덜 행복하고 덜 성공적이라고 생각하는 경향이 있었다.[4]

결국 남들과 비교하고 나면 남는 것은 부러움, 시기, 질투심이다. 이러한 감정들은 낮은 자존감, 자책감, 초라함, 허무함 등 부정적 기운을 불러일으킬 수 있다.

인스타그램을 통해 다른 사람들의 화려한 삶을 더 자주 들여다볼수록 기분이 우울해진다. 모두가 행복해 보이고, 모두가 잘나 보이고, 모두가 즐거워 보이는데, 상대적으로 나는 초라하고 쓸쓸하게 느껴질 수밖에 없다.

자신을 남과 자주 비교하는 사람들은 힘든 일을 겪고 있거나, 자존감이 낮을 가능성이 크다. 자신이 힘들고 마음이 괴롭기 때문에 다른 사람들은 어떻게 사는지 궁금해진다. '나만 이렇게 힘든 걸까? 다른 사람들은 어떨까?' 하고 확인해 보고 싶기 때문이다.

행동과 감정 심리학 분야의 권위자 조앤 우드(Joanne Wood) 박사는 '자존감'에 대해 공동 연구를 진행했다. 연구 결과에 따르면, 자존감이 낮은 사람들이 자기보다 더 잘나 보이는 사람들과 자신을 더 많이 비교하는 경향이 있었다. 더 나아가 자존감이 낮은 사람들이 남들과 비교함으로써 자신의 결점을 더 잘 인식하고, 그로 인해 우울감을 느낄 가능성이 크다고 한다.[5]

요즘 들어 누군가와 비교하는 횟수가 부쩍 늘었고, 주위에 나보다 잘난 사람들만 있는 것처럼 느껴진다면 한번 생각해보자. 자신이 견디기 힘든 일을 겪고 있지 않은지, 괴로운 시기를 보내고 있는 것은 아닌지 말이다.

최근 금리 인상으로 늘어난 이자 부담, 부동산 경기 침체, 계속 치솟는 물가 등 뉴스에 나오는 안 좋은 소식의 대부분이 나에게만 해당하는 것 같아 마음이 괴롭고 우울하다. 그런데 어려운 상황에서도 경제적으로 여유로워 보이는 사람들이 있다. 불황에도 끄떡없어 보이는 사람들이 부럽기만 하다. '나름 열심히 살고 있지만 결국 나는 제자리걸음인가?' 하는 자조감이 든다.

언제까지 남과 비교하면서 살 것인가? 언제까지 나의 인생에 남을 끌어들일 것인가? 지금 이 순간 당신이 비교하는 상대는 또 다른 누군가와 자신을 비교하고 있을지도 모른다. 비교는 끝이 없다. 절대적 만족은 절대 없기 때문이다.

## 어제의 나와 오늘의 나를 비교하기

그렇다면 타인과 비교하지 않고 살아갈 수 있는 방법은 없을까? 사실 비교는 인간의 본능적인 행동이기도 하므로 이왕이면 '좋은 비교'를 하는 것이 하나의 해결책이 될 수 있다. 좋은 비교란 '과거의 나'와 비교하는 것이다.

'기대했던 성적이 나오지는 않았지만 그래도 예전보다 조금 오르긴 했네.'
'최근에 주가가 내려가서 힘들기는 하지만 그래도 처음 샀을 때에 비하면 올랐잖아.'
'여전히 그 사람과 불편하게 지내고 있긴 하지만 그래도 예전 관계에 비하면 나아지긴 했지.'
'(자신의 인스타그램을 들여다보며) 요즘 살이 찌긴 했지만 그래

도 이때보다는 빠졌네. 나름 잘 관리하고 있어.'

미국 펜실베이니아대학교 심리학과의 캐서린 클레인(Katherine J. Klein) 교수는 직장인을 대상으로 공동 연구를 진행한 결과, 과거의 자신과 비교하는 빈도가 높은 직장인은 업무 몰입도와 업무 지속성이 높다고 한다.[6]

과거의 자신보다 조금이라도 더 나아졌다고 느끼면 자신이 하는 일에 더 집중할 수 있고 더 끈기를 가질 수 있다는 의미로 해석할 수 있다. 하고 있는 일을 성공적으로 끝낼 가능성도 커진다.

남보다 나은 것이 아니라 어제의 나보다 더 나은 것이 중요하지 않은가? 현재 남보다 더 낫다 하더라도 과거의 나보다는 후퇴했다면 아무 의미가 없다.

내가 만족하고 즐거울 수 있으면, 그것으로 충분하다. 남보다 더 낫다고 해서 반드시 행복한 것도 아니다.

"현명한 사람에게 가치 있는 유일한 경쟁은
자신과의 경쟁이다."

화가이자 시인인 워싱턴 올스턴(Washington Allston)이 한 말이다. 타인보다 나의 과거 모습과 비교해보고 더 나아지고 있는 자신에게 만족하는 습관을 기르자. 그것이 더 현실적이고 의미 있는 행동이다.

# 03
# '너 T야?' T보다 F

인간의 동기에 대해 연구한 심리학자 에이브러햄 매슬로(Abraham Maslow)는 다음과 같이 말했다.

"당신이 망치를 들고 있다면
모든 문제가 못으로 보일 것이다."

어떤 눈으로 사물과 현상을 바라보느냐에 따라 달라질 수 있음을 의미한다. 어떤 문제를 빨리 해결하고 싶은 사람은 모든 대화가 문제 해결을 위한 수단으로 보일 수 있다. 다음은 심리 상담을 하러 온 부부가 들려주었던 대화 내용이다.

아내 : 코로나 때문에 학원이 힘들어 죽겠어. 매달 적자야.

남편 : 그래서 대출 같은 건 알아봤어?

아내 : 아니, 아직 안 알아봤는데…….

남편 : 소상공인 대출 시작한 지가 언젠데 아직도 안 알아보고
　　　있으면 어떡해?

아내 : …….

이 대화에서 아내는 어떤 느낌과 생각이 들었을까? 서운하지 않았을까? 아내는 남편에게 어떤 해결책을 바라고 얘기를 꺼낸 것이 아닐 수도 있다. 단지 힘들어서 누군가에게 하소연하고 싶었는지 모른다. 하지만 남편은 아내의 마음과 의도는 신경 쓰지 않고 오직 문제 해결 방법부터 제시했다.

남편은 해결 중심적 사고를 가진 사람일 가능성이 크다. 일상에서도 이와 비슷하게 대화할 것이다. 이런 유형의 사람들이 자주 하는 말이 있다.

"그래서 어떻게 하자는 말씀이시죠?"

문제의 요점과 상대방의 의도를 빠르게 파악하여 상황을 정

리하고자 하는 욕구가 높다. 성격이 급해서 문제를 조금이라도 빨리 해결해야 한다고 생각한다. 이런 사람들은 두루뭉술하게 말하는 것을 싫어하고 요점만 간단히 말하는 것을 선호한다.

이들은 감정적, 정서적 이야기에는 별 관심을 두지 않는다. 따라서 타인의 감정을 공감하고 이입하는 데 어려움을 겪을 수 있다. 인간은 감정의 동물인데 말이다.

문제 해결을 위해서는 사실을 확인하고 실질적인 대화를 나누는 것도 중요하다. 하지만 그에 못지않게 상대의 감정을 확인하고 적절한 공감과 반응을 하는 것도 필요하다. 이성과 논리만으로 사람의 마음을 얻는 데는 한계가 있기 때문이다. 감정과 마음을 나누는 대화를 통해 좀 더 친밀한 관계를 형성할 수 있다.

## 대화의 가성비를 따지는 사람들

지나치게 문제 해결과 목표 달성에만 치중하는 사람들은 타인과 상호작용을 하거나 감정적 연결에 소홀할 수 있다. 물론 문제 해결과 목표 달성도 중요하다. 하지만 우리는 행복하려고 사는 것이지, 문제 해결을 하려고 사는 것은 아니다.

예일대학교 심리학과 존 바그(John Bargh) 교수는 '이기적인 목표'라는 주제를 가지고 공동 연구를 수행했다. 그 결과에 따르면, 목표 지향적인 사람들은 그렇지 않은 사람들에 비해 자신의 목표를 달성하지 못했을 때 더 큰 스트레스를 경험한다고 한다. 또한 성취와 경쟁에 너무 집중하는 사람들이 행복을 덜 느낄 수 있다는 것이다.[7]

운동 경기에서 승리와 우승 등 특정 목표 달성에 지나치게 집중하는 선수들은 과도한 스트레스를 받거나 견디기 힘든 불안감을 느낄 수 있다. 직장에서 목표 지향성이 과도하게 높은 직원들은 개인의 목표 달성에만 집중하느라 협업과 팀워크를 떨어뜨릴 수 있다. 그러다 보면 자신은 물론 주위 사람들의 감정과 욕구를 무시할 위험이 있다.

평소에 "그래서 문제가 뭔가요?", "어떻게 하자는 말씀이신가요?"라는 말을 자주 하는 사람이라면, 한 번쯤 생각해보자. 문제 해결, 목표 달성, 가성비 위주로만 생각하고 대화하지 않는지 말이다. 그런 상황에서 이렇게 말해보자.

"아, 그렇군요. 그런 생각이 들 수도 있겠네요. 그럼 어떻게 하면 좋을까요?"

상대방의 감정이나 생각을 있는 그대로 받아들이는 한마디를 추가하는 것이다. 그러면 상대는 자신의 생각이나 감정을 상대가 공감하고 있다고 느낀다. 자신이 이해받고 있다는 느낌을 주는 것이 중요하다. 상대방 스스로 문제를 더 고민해보고 더 적극적으로 해결책을 찾아보는 효과도 있다.

앞에서 제시한 부부의 대화에 응용해보자.

아내 : 코로나 때문에 학원이 힘들어 죽겠어. 매달 적자야.
남편 : 진짜 많이 힘들겠네. 그럼 어떻게 하면 좋을까?

이 말을 들은 아내는 일단 공감받았다는 느낌이 들 것이다. 아내가 실제로 문제를 해결하기 위해서 꺼낸 말일 수도 있지만, 우선 이런 말을 들으면 기분이 나쁠 리 없다. 밑져야 본전이다. 아내가 문제 해결을 위해 좀 더 적극적으로 고민하는 계기가 될 수도 있다.

## 공감의 대화는 옥시토신을 분비한다

　공감받았다고 느낀 사람은 긍정적인 기분을 경험한다. 이러한 긍정적인 기분은 뇌과학적으로도 근거가 있다. 공감받은 사람의 뇌에는 어떤 변화가 일어날까?

　뇌의 편도체는 공포와 불안을 담당하는 영역이다. 공포나 불안을 느끼면 편도체 기능이 활성화되고, 공감받은 사람의 뇌에서는 편도체 활동이 줄어든다. 이는 공감이 스트레스나 불안감을 줄이는 데 도움될 수 있음을 의미한다.[8]

　또한 공감을 받은 사람의 뇌에서는 옥시토신이라는 물질이 분비된다. 옥시토신은 포옹이나 키스, 공감과 같은 사회적 유대 활동을 할 때 분비된다고 해서 종종 '사랑 호르몬' 또는 '포옹 호르몬'이라고 불린다. 옥시토신이 방출되면 '나는 더 많은 사람과 연결되어 있다'는 유대감, 친밀감, 연결감 등을 느낄 수 있다.[9]

　상대의 이야기를 공감해주는 작은 말 한마디가 편도체의 활동을 줄이고 옥시토신을 늘릴 수 있다. '그럴 수도 있겠다'는 말 한마디가 스트레스를 줄여주고 친밀감과 사랑을 느끼게 해준다.

작은 한마디가 감정의 큰 차이를 만들어낸다.

문제 해결도 중요하고, 실용적인 대화도 중요하다. 하지만 그 전에 상대의 감정을 먼저 헤아리자. 상대의 머리가 아닌 가슴을 향해 내뱉는 말은 큰 울림을 준다. 아내에게, 남편에게, 친구에게, 후배에게, 선배에게, 연인에게 공감의 한마디를 전한다면 더 쉽게 다가갈 수 있다.

# 04
# 내가 말하지 않아도 너는 알아야 한다?

　다음은 배우자의 말투 때문에 스트레스를 받고 화가 난 사람의 이야기로 유명 온라인 게시판에 올라왔던 글이다. 편의상 작성자를 A, 배우자를 B라고 하자. 작성자(A)가 올린 실제 대화 내용은 다음과 같다.

**[상황 1]**

(집으로 추정된다.)

B : 창문 좀 열어.

A : 어디 창문?

B : 어디 창문이겠어?

A : ……?

[상황 2]

(주말에 갑자기 B가 혼자 외출 준비를 하더니, 아이한테 "회사 다녀올게"
라고 말한다.)

A : 갑자기 회사는 왜?

B : 왜 가겠어?

A : ……?


　남편, 아내, 친구, 연인, 동료가 이런 식으로 말한다면 어떨
까? '물어보면 안 될 것을 물어봤나' 하는 생각이 들고, 몹시 황
당하고 짜증이 날 것이다.


## 세상에 당연히 아는 것은 없다


　B가 말하는 방식을 일명 '핀잔주듯 말하기 공격'이라고 이름
붙이고 싶다. 상대가 지속해서 이런 식으로 말한다면, 나는 이
렇게 대꾸할 것이다.


　"당신이 어느 쪽 창문을 열어달라는 건지 내가 어떻게 알아?

당연히 말을 해줘야 알지!"

"당신이 갑자기 주말에 회사를 간다고 하는데, 이유를 말해 줘야 알지. 내가 어떻게 알아?"

하지만 이렇게 받아치는 순간 상황은 걷잡을 수 없게 된다. 짜증 나고 답답한 기분이라 하더라도 싸움이 목적이 아니라면, 잠시 감정을 추스르고 조금 냉정해지는 것은 어떨까? 감정은 이성적으로 문제를 해결한 뒤에 표현해도 늦지 않다.

B가 그런 식으로 말하는 데는 2가지 이유가 있다.

첫 번째, 상대에게 적대적 의도나 불만이 있다. 상대방에 대한 분노, 불만, 짜증 등이 있지만 직접적으로 표현하지 못하고 핀잔을 주는 식으로 간접적으로 표현하는 것이다. 상대방을 화나게 하거나 괴롭히려는 의도가 숨어 있을 수 있다.

"왜 그걸 물어? 당연히 알아야 하는 거 아냐? 내가 기본적으로 이런 상황이고, 이런 마음이라는 것을 너는 왜 몰라? 당연히 알고 있어야 하는 것 아냐?"라는 마음이 깔려 있을지도 모른다. 자신의 상황과 마음을 상대방이 먼저 알아주고 이해해줬으면 하는 욕구다.

두 번째, 자신의 좋지 않은 감정을 엉뚱한 제삼자에게 표출한다. 쉽게 말하면 "종로에서 뺨 맞고 한강에 가서 눈 흘긴 다"는 것이다. 주로 만만한 사람에게 자신의 불안감과 스트레 스를 해소하는 방식이다. 심리학의 방어기제 중 하나인 '대치 (displacement)'에 해당한다.

대치는 자신의 감정, 욕구, 충동을 직접적인 상대가 아니라 다른 상대에게 표출하는 심리다. 원래의 상대보다 덜 위험하거 나 덜 불안하게 느껴지는 대상으로 방향을 바꾸는 것이다. 아 내에게 받은 스트레스를 나도 모르게 아이들에게 푸는 것도 대 치에 해당한다.

## 간접적인 공격보다 직접적인 대화

상대가 핀잔주듯이 말한다면 어떻게 해야 할까? 상대가 이 렇게 말하는데도 애써 태연한 척 넘어갈 것인가? 아니면 그럴 때마다 함께 공격하며 싸울 것인가? 가장 좋은 것은 차분히 대 응하는 것이다.

"당신이 요즘 말하는 것을 보면 나에 대해 별로 안 좋은 감정이 있는 것 같은데, 혹시 어떤 마음인지 말해줄 수 있어? 내게 하고 싶은 말이 있을 것 같은데 얘기해주면 좋겠어."

이렇게 솔직히 다가가 본다. 물론 당신도 영문을 알지 못한 채 기분이 나쁜 상황에서 차분히 대화를 꺼내기는 결코 쉽지 않다. 하지만 상대와의 관계를 개선해보고 싶은 마음이 더 크다면, 상대와 불편하게 지내고 싶지 않다면, 더 이상 상처받고 싶지 않다면 차분하게 이유를 물어본다.

상대가 자신의 속마음을 솔직하게 표현하지 못하는 이유가 있을 것이다. 그만큼 상대방은 마음이 약하고, 도움이 필요한 상태일 수 있다. 억눌린 감정이 최대치인 사람은 누군가 조금만 자극해도 쉽게 격분하고 크게 폭발할 수 있다.

그러한 상대를 더 자극하지 않고, 차분하고 이성적인 접근을 계속 시도하다 보면 상대도 언젠가는 '핀잔주듯 말하기'를 멈추고 속마음을 드러낼 것이다.

반대의 경우도 마찬가지다. 나도 차곡차곡 쌓여 있던 불만을 소중한 사람이나 별 상관없는 제삼자에게 핀잔주듯이 말할 때가 있을 것이다.

자기계발 전문가인 데일 카네기는《데일 카네기의 인간관계론(How to Win Friends and Influence People)》에서 다음과 같이 말했다.

"간접적인 공격은
문제를 해결하는 데 도움되지 않는다.
직접적인 대화와 이해를 통해
해결책을 찾아야 한다."

간접적인 공격을 지양하고 직접적이고 솔직한 대화를 통해 문제를 해결하는 태도가 중요하다. 주위에 핀잔주듯 말하는 사람이 있다면 그 공격을 멈추도록 유도해보자. 또는 자신이 그러한 경향이 있다면 공격을 멈추고 진심 어린 대화를 꺼내보자.

# 05
## 너를 실망시키고 싶지 않은 마음

당신은 누군가의 기대를 받고 있는가? 좋은 남편, 좋은 아
내, 좋은 남자친구, 좋은 여자친구, 좋은 신입사원, 좋은 선배,
좋은 동료, 좋은 친구, 좋은 사업 파트너, 좋은 부모로서 행동
하기를 바라는 것이다.

누군가로부터 기대를 받는 것은 기분 좋은 일이지만 그러한
기대로 인해 현실을 왜곡해서는 안 된다. 자칫 잘못된 판단을
할 수 있기 때문이다.

20대 초반의 남성 H씨가 있었다. 그는 어린 시절부터 아버지
의 기대를 한몸에 받으며 자랐다. 감정평가사로서 사회적으로
성공한 아버지는 자녀도 자신처럼 성장하기를 바랐다. H씨는
아버지의 기대에 부응하고자 '나는 능력 있는 사람, 성공해야

하는 사람'이라고 생각하게 되었다. 일종의 강박관념이었다.

강박관념은 그의 대인관계에도 영향을 미쳤다. 자신의 문제로 친구를 사귀는 데 어려움을 겪는 상황에서도 '내가 능력이 너무 뛰어나서 사람들이 나를 시기하나 보다. 그래서 사람들이 내 주위에 잘 오지 않는구나'라고 생각했다.

대학입시에서도 두세 번 실패하자 '우리나라 입시제도에 문제가 있다'라고 판단했다. 좌절하거나 포기하지 않고 자신감을 계속 가지는 것은 좋은 태도이다. 하지만 자신의 부족한 점을 인정하고 그것을 채워나가야 다음에 성공할 가능성이 크다.

하지만 그는 자기 성찰은 없고 부모가 기대하는 삶을 이미 살아가고 있는 듯한 착각에 빠져 있었다. 주위의 기대와 현실을 혼동하는 것이다. 결국 그는 거식증과 조현병 초기 진단을 받고 심리상담과 정신과 치료를 병행하고 있다.

## 기대와 현실의 차이를 인식하라

누군가의 기대에 부응하는 쪽으로 현실을 해석하고 정보를 판단하는 경향은 연구 결과로도 확인된다. 그 기대에 도움되는 정보를 선택적으로 찾는 것이다. 그 정보가 부정확하거나 신뢰성이 부족한 경우에도 말이다.

프린스턴대학교 심리학과의 존 달리(John Darley) 교수는 '기대와 해석의 상관관계'에 대한 연구를 공동 수행했다.

실험 참가자들은 동전을 던져서 앞이나 뒤가 나오는 게임을 진행했다. 실험자가 참가자들에게 "저는 동전의 앞면이 더 많이 나오면 좋겠네요"라고 말하고 나서, "실제로 동전의 어떤 면이 더 많이 나올 것 같나요?"라고 물었다. 참가자들은 대체로 "앞면이 더 많이 나올 것 같아요"라고 응답했다. 실험자가 기대하는 대로 결과를 예상한 것이다. 이처럼 자신에게 기대하는 이야기를 들으면 거기에 부응하는 정보만을 찾고 그에 맞춰서 해석하는 경향이 있다.[10]

예를 들어 엄마가 아이에게 "오늘 시험 잘 봤지? 잘 봤으면 좋겠다"라고 말한다고 가정해보자. 그러면 자녀는 다음과 같은 순서로 생각을 정리한다.

'오늘 시험은 잘 봤어야 해. 엄마가 그렇게 기대하니까.'

→ 오늘 자신 있게 시험문제를 풀었고, 맞힌 문제들만 떠올림.

→ 헷갈려서 찍었거나 어려운 문제들은 떠올리지 않음.

→ '그래, 오늘 시험 괜찮게 본 것 같아. 엄마의 기대에 부응할 수 있겠어.'

누군가에게 큰 기대를 받고 있다면 어떨까? 그 상대가 당신에게 의미 있는 사람이고, 당신에게도 의미 있는 일이라면 그 기대에 부응할 수 있도록 노력하면 된다. 하지만 자신이 생각하기에 의미 없거나 현실성이 부족하다면 확실하게 말하는 것이 좋다.

"부장님, 저를 믿고 그렇게 말씀해주시는 것은 감사합니다만 제가 아직 외국어 실력이 그 정도에는 못 미칩니다."

"엄마, 저 열심히 공부하고 있지만, 엄마가 생각하시는 만큼 성적은 안 나올 수 있어요. 그러니 너무 기대하지 마세요. 하지만 최선을 다할 거예요."

"내가 너를 항상 아끼고 사랑할 거라고 생각해줘서 고마워. 물론 그렇게 되려고 노력하겠지만 항상 그렇지는 않을 수도 있어. 하지만 최선을 다해 널 사랑할 거야."

주위의 기대에 무조건 부응하기보다 자신의 현실에 맞춰 적절히 판단할 줄 알아야 한다. 그렇지 않으면 상대의 기대에 부응하는 정보만 찾거나 그런 방식으로만 정보를 해석하고 비현실적인 세상에서 살아갈 수 있다. 열심히 노력하되 현실은 직시해야 한다. 그렇지 않으면 나중에 더 큰 심리적 충격과 실의, 절망감, 패배감에 빠질 수 있다.

주위 사람들이 자신에게 거는 기대를 살펴보고, 비현실적인 부분이 있다면 미리 선을 그어야 한다. 그것이 상대에게도, 당신에게도 이롭다.

# 06
## 너는 원래 그렇고, 나는 어쩔 수 없었고

어떤 사람들은 일이 잘되었을 때 자신의 공으로 돌리려고 한다.

"그때 내가 그 TF팀에 있었잖아. 그 입찰 제안서를 내가 써서 결국 입찰에 성공했지."

"그 일이 어떻게 해서 성사된 줄 아세요? 제가 미리 얘기해 두었거든요. 그렇지 않았으면 안 됐을걸요."

물론 실제로 그가 성공에 기여했을 수 있다. 하지만 사실 여부를 떠나 잘난 척하는 것은 좋지 않다. 자신이 잘한 것이 있으면 뽐내고 싶고 자랑하고 싶은 것이 당연한 마음이다. 정도와 표현의 차이는 있겠지만 잘된 일은 다 내 탓으로 돌리고 싶어 하는 마음이 누구나 있다. 반대로 잘 안 된 일, 좋지 않은 일, 실패한 일은 남 탓, 상황 탓, 환경 탓을 한다.

## 전형적인 내로남불 심리

심리학의 귀인 이론(attribution theory)에 따르면, 사람들은 성공의 원인을 자신의 내부적 요인(성격, 능력 등)에서 찾으려 하고, 실패의 원인을 외부적 요인(상황, 운 등)에서 찾으려 하는 경향이 있다. 잘되면 내가 잘한 것이고, 잘못되면 운이 없어서, 또는 상황이 어쩔 수 없었다고 판단한다.[11]

최근에 브런치(Bruch)에 글을 하나 올렸는데, 놀랄 만한 일이 벌어졌다. 조회 수가 하루 만에 수천 회로 폭증한 것이다. 순간 이런 생각이 들었다. '아, 역시 사람들이 내 글솜씨를 알아보는구나.' 내가 글을 잘 썼기 때문에 뜨거운 반응이 일어났다고 여겼다. 기분이 좋았다.

이 여세를 몰아 그다음 날 또 새로운 글을 올렸다. 그런데 하루에 조회 수가 6회밖에 나오지 않았다. 그 순간 '사람들이 글을 볼 줄 모르네'라는 생각이 스쳤다. 나도 모르게 무의식적으로 남 탓을 했다. 나는 귀인 이론에 실시간으로 노출되어 있었다.

이와 비슷하게 '기본적 귀인 오류(fundamental attribution error)'라는 심리 이론이 있다. 인지 편향의 일종으로 다른 사람의 안 좋은 행동을 볼 때는 그 사람의 기질적 요인에 집중하고, 상황적 요인에는 덜 집중하는 경향을 말한다.

예를 들어 운전하고 있는데 누군가의 차량이 내 차 앞에 갑자기 끼어들면 이런 생각이 든다. '진짜 개념 없는 운전자네. 원래 평소에도 저렇게 무례한 사람일 거야.' 하지만 내가 운전하다 다른 차 앞으로 불쑥 끼어들면 순간적으로 이런 생각이 든다.

'지금 너무 바쁘고 경황이 없어서 그랬어. 뒤차도 이해해주겠지.'

다른 사람이 안 좋은 행동을 하면 '저 사람은 원래 그런 사람일 것이다'라고 생각하고, 자신이 그러면 '어쩔 수 없는 상황이었어'라고 생각한다. 심지어 자연재해가 벌어진 상황에 대해서도 그렇게 생각하는 경향이 있다. 튀르키예 대지진 참사가 발생했을 당시에 뉴스를 보며 나도 모르게 생각했다.

'저곳은 평소에도 지진이 많이 일어나는 곳이라고 하던데……. 저기 사는 사람들은 원래 위험을 감수하고 살아가는가 보다.'

지진이 자주 발생하는 지역에 사는 이유를 사람들의 기질이나 성향 탓으로 돌리는 것이다. 사실 지진 위험 지역이라는 것을 알면서 살고 싶은 사람들이 몇이나 있겠는가. 개인적인 성격, 기질, 성향과 상관없이 그곳이 삶의 터전이기에 떠날 수 없는 것이다. 나 역시 대한민국이 나의 성향이나 기질에 맞아서 살고 있는 것이 아닌 것처럼 말이다.

## 나는 상황 탓, 남은 기질 탓

자신의 행동은 상황 탓, 남들의 행동은 성향이나 기질 탓으로 돌리는 것은 불안감을 달래기 위한 자연스러운 심리적 방어 기제이기도 하다.

그런데 잘된 일은 내 탓, 잘 안 된 일은 남 탓으로 돌리기만 하면 문제없는 것일까? 이러한 성향의 가장 큰 문제는 실패를 거듭해도 발전이 없다는 점이다. 실패의 원인을 남 탓, 상황 탓으로 돌리다 보면 자신이 틀렸음을 인정하지 않기 때문에 개선할 여지도 없다.

마찬가지로 타인의 문제 행동을 그 사람 자체에서만 찾으려 한다면 미워하는 감정이 먼저 들기에 정확한 판단을 하기 어려울 수 있다. 그러면 누가 더 손해일까? 바로 나 자신이다. 상대방은 자신을 미워하고 있다는 사실도 모를 수 있다. 결국 미움이라는 감정, 누군가를 싫어하는 감정은 내가 짊어지고 가는 것이다. 다른 사람이 안 좋은 행동을 했을 때도 '그럴 만한 이유가 있겠지'라고 생각하면 내 마음이 좀 편해질 수 있다.

> "당신이 만나는 모든 사람은
> 당신은 잘 알지 못하는 전투를 하고 있다.
> 항상 친절하게 대하라."

고대 철학자 플라톤의 말이라고 전해진다. 우리 모두 자신만의 고민과 우울함을 가지고 있다. 저마다 해결해야 할 문제가 있다. 편의점에서 아르바이트를 하는 사람이든, 세계적인 기업의 CEO이든 마찬가지다. 이런 생각을 하면 마주하고 있는 누군가에 대해 조금은 너그러운 마음을 가질 수 있다.

'이 사람도 분명 어떤 문제로 고민하고 있고, 그 문제를 해결하기 위해 분투하고 있다'라고 생각한다면, 누군가의 안 좋아 보이는 행동도, 누군가를 미워하는 마음도 조금은 누그러뜨릴 수 있다.

# 07
## '어떡하지?', '어쩌지?'에 숨은 심리

"그렇게 쉬운 일은 없다.
하지만 당신이 마지못해 할 때
그 일은 더 어려워질 수 있다."

로마 시대 극작가 테렌스(Terence)의 말이다. 중요한 일을 앞두고 문제가 생기면 어쩌나 걱정부터 들 때가 있다.

'출판사랑 계약하기로 했는데 계약서를 쓰기도 전에 취소되면 어쩌지?'
'대학원에 꼭 입학하고 싶은데 지원 자격이 안 되면 어쩌지?'

어떤 일을 앞두고 걱정이 드는 것은 자연스러운 감정이다. 어떻게 마음이 편안할 수 있겠는가? 문제는 정도가 지나쳐서 필요 이상으로 걱정하는 것이다. 막상 닥치면 별일 아닌 일을 습관적으로 걱정하는 사람들이 있다. 적당한 걱정은 미래로 나아가게 하지만, 과도한 걱정은 과거에 머무르게 한다.

불안장애는 가장 흔한 정신 질환 중 하나이다. 미국 정신건강협회(NIMH)가 2021년 발간한 자료에 따르면 미국 성인 인구의 약 31%가 평생 한 번 이상 불안장애를 경험하며, 약 19%가 지난 1년 동안 불안장애를 경험한 적이 있다고 한다.[12]

## 걱정 유전자는 따로 있는가?

걱정과 불안감은 어느덧 우리의 삶에 깊숙이 들어와 있다. 우리는 불안함 없이 살아가기 어려운 존재인지도 모른다. 그렇다면 '불안감을 어떻게 떨쳐낼 수 있을까?'를 고민하는 것보다, '불안감에 어떻게 대응하며 살아갈 수 있을까?'를 고민하는 것이 더 현실적이다.

심리상담실을 찾아온 P씨는 35세라는 비교적 젊은 나이에

스타트업의 마케팅 중역으로 근무하고 있는 여성이었다. 젊은 나이에 성공을 이룬 그녀였지만 새로운 고객 앞에서 프레젠테이션을 할 때마다 극도의 불안감을 느낀다고 했다. '실수할까', '고객에게 좋지 못한 평가를 받을까' 두렵다는 것이다. 하지만 그녀는 지금껏 한 번도 프레젠테이션에서 실수하거나 고객에게 나쁜 평가를 받은 적이 없다.

비슷한 증상을 겪는 20대 초반의 남자 대학생 J씨도 있다. 그는 잘 모르는 사람들과 어울려야 하는 모임에 나가면 몹시 불안하다고 했다. 누군가를 새롭게 만나는 상황에서 자신이 거절당하거나 사람들과 잘 어울리지 못할까 봐 두렵다는 것이다. 하지만 실제로는 처음 보는 사람들과 곧잘 어울려왔다고 한다. 그들은 경험해보지 않은 것에 대해 막연한 두려움을 느끼는 경향이 있었다.

습관적으로 걱정하고 불안해하는 사람들의 심리적 특징은 무엇일까? 비슷한 상황에서 실패하거나 안 좋았던 적도 없는데 말이다. 새로운 일을 앞두고 불안해하는 이유는 무엇일까?

첫 번째, 성격적 특성이 원인일 수 있다. 내성적인 성격의 소유자는 그렇지 않은 사람에 비해 새로운 환경에 대한 불안감을 더 느낄 수 있다. 미네소타대학교의 심리학과 카메이어 밀러

(Kammeyer Mueller) 교수는 새로운 직장에 갓 입사한 사람들을 대상으로 공동 연구를 실시했다.

그 결과 내향적인 사람들은 외향적인 사람들에 비해 새로운 직장에 취업하고 몇 주 동안 더 불안감을 느끼는 것으로 나타났다. 반면 내향적인 사람들은 그렇지 않은 사람들에 비해 사회적 지원을 요청하는 경향이 적었다고 한다. 연구자들은 이러한 이유가 내향적인 사람들이 새로운 환경에서 불안을 느끼고 혼자 일을 처리하려는 성향이 강하기 때문이라고 설명했다.[13]

두 번째, 어린 시절의 경험 때문일 수 있다. 예측하기 어렵거나 위협이 많은 환경에서 자랐다면 남들보다 불안감을 쉽게 느낄 수 있다.

20대 초반의 남성 Y씨는 이혼 가정에서 자랐다. 어릴 때부터 아버지는 술만 마시면 집에 들어와 자신과 어머니를 때렸다. 그러한 상황이 반복되다 보니 그는 아버지가 없는 상황에서도 불안감을 느꼈다. 언제 아버지가 들이닥칠지 모른다는 불안감이었다. 예측할 수 없는 상황에 대한 두려움이 성인이 되어 새로운 일을 시작하기 전의 불안감으로 이어졌을 수 있다.

세 번째, 유전적 요인이다. 신경생물학의 연구에 따르면, 어떤 사람들은 유전적 이유로 불안을 더 느낄 수 있다고 한다. 공

포와 불안감을 담당하는 뇌의 편도체가 다른 경우이다. 이로
인해 뇌의 기능, 스트레스 반응 정도, 신체 반응 방식에 차이를
보일 수 있다.[14]

## 걱정은 억누르지 말고 끄집어내라

습관적으로 불안감을 느끼고 걱정하는 마음의 원인은 그 외
에도 많다. 새로운 일을 앞두고 과도하게 불안감을 느끼는 경
향이 있다면, 스스로 불안감을 좀 낮추고 덜 걱정하고 싶다면
이렇게 생각해보자.

"두려움을 아예 떨치려 하지 말고 두려움에 적응하라."

불안장애가 있는 사람들은 걱정을 억누르려고 할수록 더 많
이 걱정하게 된다는 것을 보여주는 연구가 있다.

펜실베이니아대학교 심리학과의 미셸 뉴먼(Michelle G. Newman)
교수는 불안장애가 있는 참가자들에게 '걱정되는 마음을 억눌
러라'고 요청했다. 이들은 이러한 요청을 받지 않은 참가자들보

다 결과적으로 더 불안감을 느낀 것으로 나타났다. 걱정을 억누를수록 불안감이 더 악화된다는 것을 보여준다. 걱정되는 마음을 인정하고 받아들이는 것이 오히려 불안감을 관리하는 데 도움이 될 수 있다.[15]

새로운 일을 앞두고 두려움을 느끼는 것은 자연스러운 감정이다. 하지만 두려움을 완전히 제거하려고 할수록 두려움은 더 끈질기게 달라붙는다. 불안감을 그 자체로 인정해주는 것이 불안감을 다스리는 효과적인 방법이다.

불안한 감정을 애써 지우려고 할수록 오히려 불안감을 부추길 수 있다. 불안한 마음을 계속 생각하고 신경 쓰기 때문이다. 불면증이 있는 사람이 '나는 불면증이 아니다. 나는 잠을 잘 잘 수 있다'라고 반복해서 생각하는 것과 마찬가지다. 잠이 안 오는데 잘 수 있다고 생각한들 잠이 오겠는가? 그런 생각을 할수록 잠이 더 달아날 뿐이다.

새로운 직장에 입사하기 전에 마음이 불안하다면 '내가 새로운 사람들이나 새로운 일을 앞두고 잘해낼 수 있을지 불안해하고 있구나'라고 먼저 인정해주어야 한다.

불안감을 무조건 나쁘게 볼 필요도 없다. 불안감은 우리가 살아 있다는 증거다. 무언가를 하고 싶어 하고, 무언가에 대한 의지가 있다는 방증이다.

유명 강연가이자 작가인 멜 로빈스(Mel Robbins)는 다음과 같이 말했다.

> "불안은 내가 살아 있고, 내가 사람이고,
> 우리가 뭔가에 신경을 쓰고 있다는 사실을
> 상기시켜준다."

우리가 불안해한다는 것은 그만큼 잘하고 싶은 의지가 있는 것이다. 새로운 일을 앞두고 불안을 느끼는 사람에게 마지막으로 해주고 싶은 얘기가 있다.

"막상 해보면 별것 아니다."

해보기 전에는 막연히 불안하기만 했던 일들이 막상 해보면 별것 아니라거나 할 만했다고 여겨지는 일들이 매우 많다. 그런 경험들을 의도적으로 많이 떠올려보자. 처음 초등학교에 입학하기 전, 중학교에 들어가기 전, 고등학교에 들어가기 전, 대학교에 들어가기 전, 첫 유학을 떠나기 전, 군대에 가기 전, 처음 인턴을 시작했을 때, 첫 회사에 들어갔을 때를 기억하는가? 누구나 불안하고 떨렸던 순간이다. 그런데 막상 해보니 어땠는가? 물론 생각만큼 힘든 순간도 있었겠지만 조금 지나 어느새 익숙해졌을 것이다.

막연히 두려움을 느끼던 일도 막상 해보면 대부분 해결된다. 조금만 용기를 내보면 걱정한 만큼 어려운 일이 아니었음을 느끼게 된다. 불안감은 그대로 받아들이고, 일단 시작해보자.

# 08
## '왜 저러지? 나 때문인가?'의 진실

　누군가와 마주쳤는데 상대방이 인사를 제대로 받아주지 않을 때가 있다. 나는 반가운 마음으로 인사했는데 말이다. '반갑게 응대하지는 않더라도 가벼운 인사 정도는 나눌 수 있지 않나' 하는 생각이 든다.

　학교 맞은편 복도에서 아는 사람이 걸어올 때, 회사 사무실에서 누군가의 옆자리를 지나갈 때, 동네에서 어느 정도 안면이 있는 아파트 입주민과 마주칠 때 가볍게 인사를 건넸는데 상대방이 쌩하고 지나가 버린다면 어떨까?

　'왜 모른 척하는 거지? 내가 뭐 잘못한 게 있나? 나한테 안 좋은 감정이라도 생겼나? 아니면 나에 대해 안 좋은 소문이라

도 들은 건가? 나를 일부러 피하는 건가?'

이처럼 상대의 행동을 민감하게 받아들이고 신경 쓰는 사람들은 어떤 심리 때문일까?

이들은 상대방이 인사를 제대로 받아주지 않는 것을 '사회적 거절'로 여기고 일종의 좌절감과 불안함을 느낄 수 있다. 특히 자존감이 낮은 사람은 이러한 경향이 더 크다.

사회심리학자 마크 리어리(Mark Leary) 교수가 제안한 '사회성 측정 이론(sociometer theory)'에 따르면, 자존감이 낮은 사람은 자신이 거절당했다고 느꼈을 때 '나는 어디에든 속하기 어려운 사람이다'라고 생각하는 경향이 크다. 누군가 인사하는 태도에 기분이 상했고 유난히 신경 쓰인다면 자신의 자존감이 낮은 상태가 아닌지 스스로 점검해볼 필요가 있다.

사람들이 나를 바라보는 표정, 말투, 눈빛, 행동 하나하나를 민감하게 인식하다 보면 다른 사람들이 자신을 안 좋게 볼까 봐 불안한 마음이 든다. 사람마다 정도의 차이는 있겠지만 이 것을 사회적 거절로 받아들이면 분명 괴롭고 고통스럽다.

# 근거 없는 자책감에 빠지지 마라

캘리포니아대학교 로스앤젤레스(UCLA) 심리학과의 나오미 아이젠버거(Naomi Eisenberger) 교수의 연구에 따르면 사회적 거절을 당했다고 느끼는 뇌의 반응 영역이 고통받은 뇌의 반응 영역과 같았다. 이는 우리의 뇌가 사회적 거절을 하나의 고통으로 인식한다는 뜻이다.[16]

당신이 누군가에게 제안했던 식사 자리, 반갑게 건넨 말 한마디, 카톡으로 건넨 말 한마디가 거부당했을 때 고통을 느꼈다면 이러한 이유 때문이다.

이런 감정을 계속 느낀다면 어떻게 해야 할까? 사회적 거절로 받아들이며 계속 고통스러워해야 할까? 현실적으로 생각해 보자. 우리가 만나는 모든 사람들이 모든 상황에서 반갑게 인사를 나누기는 쉽지 않다. 누군가는 휴대전화를 하느라 못 보고 지나칠 수도 있고, 누군가는 다른 일로 기분이 우울해서 미처 인사를 나눌 마음의 여유가 없을 수도 있다. 또 어떤 사람은 원래 인사하는 것에 큰 의미를 두지 않을 수도 있고, 인사하는 것 자체를 쑥스러워하기도 한다. 사회적 불안감이 높은 사람은 인사를 나누는 사회적 상황 자체를 부담스러워하며 피하고 싶어 한다.

하버드 의학전문대학원의 케슬러 로널드(Kessler Ronald) 교수
와 동료 연구자들이 연구한 결과에 의하면, 미국 전체 인구의
12%가 사회적 불안감을 경험하고 있다고 한다.[17]

우리도 의도하지 않게 상대방과 제대로 인사를 나누지 못하
는 경우가 생기듯이 상대방도 그럴 수 있다. 누군가가 당신의
인사, 대화, 말 한마디에 시큰둥한 반응을 보였다고 해서 너무
신경 쓰지 말자. 당신 때문이 아닐 가능성이 크다. 정작 상대방
은 아무런 신경을 쓰지 않을 수 있다.

지레짐작으로 내가 무슨 잘못을 한 것은 아닌지 불안해할 필
요 없다. 상대의 반응에 신경 쓴다는 것은 타인의 시선을 그만
큼 신경 쓰고 있다는 것이다.

샤넬의 창립자 코코 샤넬은 다른 사람들의 의견에 신경 쓰지
않았다. 패션계에서 큰 성공을 거두고 명성을 얻었을 때 많은
비평가와 사람들의 비판과 시기를 샀지만, 자신의 스타일과 비
전을 추구하는 데 주저하지 않았다.

그녀는 다음과 같이 말했다.


"당신이 나에 대해 어떻게 생각하는지

나는 신경 쓰지 않습니다.

당신에 대해서도 전혀 생각하지 않고요."

　다른 사람의 시선과 인식에 휘둘리지 않겠다는 그녀의 확고한 의지가 엿보인다. 상대방이 인사를 잘 받든 안 받든 변하는 것은 없다. 의연하고 담담한 마음을 갖자. 이런 마음가짐이 당신의 자존감을 지키고 의연함을 높이는 데 도움될 것이다.

# 09
## 믿고 싶은 것만 믿게 되는 마음

"인간은 한 가지 의견을 채택하면

그것을 지지하거나

동의하는 모든 종류의 것들을 끄집어낸다."

영국의 철학자 프랜시스 베이컨의 말이다. 어떤 생각을 믿기로 하거나 어떤 결심을 하면 그 믿음과 결심에 부합하는 정보들만 받아들이려 한다는 뜻이다.

초등학교 6학년인 아들이 집에 들어오면서 짜증을 내고 자기 방으로 들어갔다. 그 모습을 보고 엄마는 "동건이는 꼭 ○○이랑 놀고 오면 저런다니까"라며 ○○이랑 놀지 못하게 해야겠다고 다짐한다. 엄마는 아들이 짜증을 낸 이유가 친구 때문이라고 생각한다. 하지만 아이가 부모에게 짜증을 내는 행동이 그 날 함께 어울렸던 친구 때문만은 아닐 수 있다.

엄마는 평소에 아들의 친구 ○○가 마음에 안 들었다. 아들을 자꾸 밖으로 불러내니 공부할 시간을 뺏긴다고 생각한 것이다. 그러니 아들의 부정적인 행동과 그 친구를 연관 지어서 어울리지 못하게 하려는 것이다. 이것 또한 자신의 믿음에 부합하는 쪽으로 정보를 편향적으로 해석한 것이다.

## 사실은 우리의 뇌가 게으른 것

심리학에서 말하는 확증 편향(confirmation bias)은 자신이 이미 가지고 있는 믿음, 견해, 가설 등에 대한 확신을 강화하려는 경향을 말한다. 새로운 정보나 증거가 제시되어도 기존의 믿음을 바꾸지 않고 무시하려고 한다. 자신의 선입견과 기존의 지식을 중심으로 새로운 정보를 해석하는 것이다.

이러한 확증 편향이 발생하는 이유 중 하나는 우리의 두뇌가 지적 노력을 절약하고 효율적으로 사고하기 위해 정보를 단순화하려는 경향 때문이다. 새로운 정보를 계속 평가하고 조정하는 데는 많은 노력이 필요하다. 그래서 뇌는 기존의 믿음을 유지하려고 한다.

우리의 뇌도 이왕이면 일을 덜 하고 싶은 것이다. 쉬운 길을 놔두고 굳이 어려운 길로 가고 싶지 않은 것이다. 이러한 과정은 무의식적으로 작용하기 때문에 많은 사람들이 어떤 생각이나 판단을 할 때 확증 편향에 빠진다는 것을 인지하지 못한다.

'내가 평소에 싫어하던 A대리와 한 팀이 되니 되는 일이 없네.'
'낮에 그렇게 많이 먹으니 자다가 일어나서 토하는 거 아냐!'
(알고 보니 장염 때문에 그런 것이었다.)

믿고 싶은 것만 믿고, 보고 싶은 것만 보는 마음은 일상생활뿐 아니라 다양한 영역에서 종종 경험한다. A정당을 지지하는 사람들은 A정당의 입장을 대변하거나 A정당에게 우호적인 입장을 취하는 뉴스, 소셜미디어, 블로그 등에서 제공하는 정보만을 사실로 받아들인다.

의사나 환자들도 특정 치료법이나 의학적 접근 방식에 대해 확증 편향을 보일 수 있다. 예를 들어 어떤 환자가 특정 치료법이 효과가 있다고 믿으면, 이를 확인하는 근거만을 찾고 받아들이려는 경향이다. 어떤 투자나 경제 전망에서도 확증 편향이 발생할 수 있다. 특정 주식 종목과 부동산이 오르리라는 믿음을 가지면 그것을 증명하는 정보만을 받아들인다.

확증 편향의 가장 무서운 점은 잘못된 판단을 할 수 있다는 것이다. 특정 치료법만을 맹신하다 보면 몸과 마음을 망가뜨릴 수 있다. 특정 믿음에 부합하는 정보만을 받아들여서 투자하면 크나큰 손실을 볼 수 있다.

## 진실에 다가갈 수 없게 만드는 것들

자신의 믿음에 부합하는 정보만을 받아들여서 실상과 다른 판단을 하는 사람들을 상대하는 2가지 방법이 있다.

첫 번째, 논리적 증거를 제시한다. 상대의 믿음에 반대되는 사례를 제시하거나 객관적이고 신뢰성 있는 자료를 보여준다. 아들의 좋지 않은 행동을 그 친구 탓이라고 생각하는 엄마에게 "그 친구랑 어울리기 전에도 종종 저렇게 짜증 내는 모습을 보인 적이 있잖아. 내 생각에는 다른 이유도 있을 것 같아"라고 말한다.

물론 이런 말을 들었다고 해서 한 번에 태도나 생각이 바뀌지는 않는다. 하지만 이런 시도를 한두 번씩 반복하다 보면 작은 변화가 생긴다. 엄마는 아들이 짜증내는 이유를 지레짐작하지 않고 직접 물어보게 된다.

두 번째, 상대에게 시간과 여유를 준다. 확증 편향은 자신도 모르게 발생하는 강한 무의식적 경향이다. 감정적으로 과열된 상태에서 대화하는 것보다 잠시 시간을 두고 다시 대화를 시도하는 것이 좋다. 감정이 격한 상태에서 대화를 이어나가면 각자의 견해를 더욱 고집하다 충돌하고 결국 감정싸움으로 번질 수 있다.

서로 의견이 대립될 때는 대화를 중단하고 잠시 시간을 두는 것이 좋다. 상대가 기분이 상하거나 격정적인 상태로 바뀔 것 같으면 먼저 커피 한잔을 권한다. 그러면 감정이 조금은 누그러지는 효과를 볼 수 있다.

상대가 확증 편향에서 벗어나도록 도움을 주는 것도 중요하지만, 그보다 먼저 상대가 나의 의견을 받아들일 수 있는 평온한 감정을 가지도록 만들어야 한다.

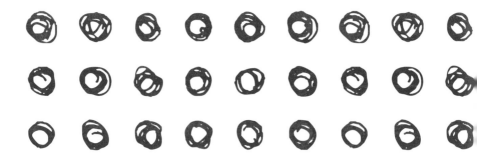

사람의 마음을 얻는 것은
그리 어렵지 않다.
**상대의 마음에 살짝**
다가가기만 하면 된다.
상대의 영역으로 살짝 넘어가는 행동이
묵직한 호감을 끌어낼 수 있다.

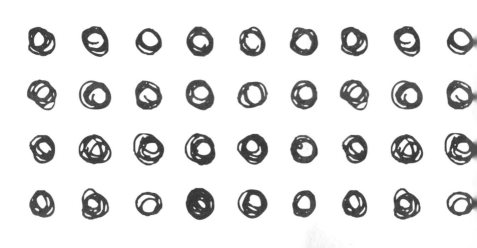

PART
## 02

딱 절반의 표현으로
100% **진심** 전하기

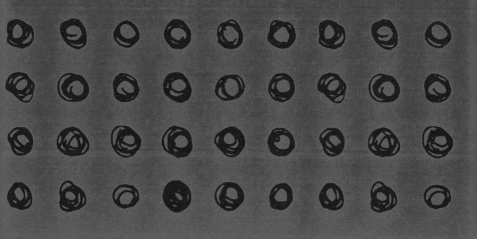

# 10
## '그걸 물어본 게 아니잖아!'

40대 직장인 남성 C씨는 어느 날 집에 들어가는데 우편물 하나가 꽂혀 있었다. 내용을 보니 아내 앞으로 배달된 대출 원리금 납부 지연 통보 안내문이었다. 그가 모르는 대출이었다. 짜증이 나는 마음 반, 걱정스러운 마음 반으로 통지문 내용을 사진으로 찍어 아내에게 보냈다. 다음은 그가 아내와 문자 메시지로 나눈 대화 내용이다.

나 : 여보, 이거 뭐야? 도대체 내가 모르는 대출이 또 얼마나 있는 거야? 이거 저축은행이라 이자도 비쌀 텐데 이자가 몇 퍼센트야?

아내 : 이자 잘 내고 있어.(1차 동문서답)

나 : 아니, 이자가 몇 퍼센트냐고 묻고 있잖아.

아내 : 가게 운영 때문에 받은 거야. 작년에 돈이 너무 없어

서…….(2차 동문서답)

C씨는 이자가 몇 퍼센트인지 물어보는데도 아내는 자꾸 딴소리만 했다. 평소에도 그의 아내는 이런 식으로 답변할 때가 많았다.

## 답을 모르거나, 대답하기 난처하거나

동문서답(東問西答)은 '동쪽에서 묻고 서쪽에서 답한다', 즉 물어본 것과 전혀 상관없는 답을 한다는 의미다. 상대가 동문서답을 하면 답답하고 짜증 나는 것이 당연하다.

더구나 어떤 것을 물어보면 습관적으로 딴소리를 하는 사람들이 있다. 그러한 심리에는 어떤 배경이 있을까?

첫 번째, 질문은 이해했지만 대답하기에 난처한 것이다. 예를 들어 "어젯밤에 연락이 안 되던데 그때 어디서 뭐 했어?"라고 묻는 연인, 집에 못 보던 플레이스테이션 게임기를 발견하

고 "이건 어디서 난 거야?"라고 추궁하는 아내, 주간 팀 회의에서 "팀의 목표 실적이 2주 연속 미달인데 대체 이유가 뭐지?"라고 따져 묻는 부장님. 솔직히 답변하기에 난감한 질문을 들었을 때 은근슬쩍 넘어가기 위해 일부러 딴소리를 할 수 있다.

"요즘은 가끔씩 휴대폰 소리를 잘 못 들어서……."
"그 게임기, 요즘 거 아니야. 옛날에 나온 모델이야."
"최근의 팀 실적을 주 단위가 아니라 월 단위로 묶어서 보시면……."

두 번째, 질문은 이해했지만 답을 모르는 상황에서 '모른다'고 말하기 두려운 마음이다.

'일본에서 방사능 오염수를 바다로 흘려보내는 것을 반대한 일본 국민이 몇 퍼센트인지 알고 있느냐?', '요즘 부동산 경기 침체가 어디서 비롯된 것인지 아느냐?', '최근 오른 지하철 이용 요금이 얼마인 줄 알고 있느냐?' 이러한 질문은 명확한 답을 모를 수 있다. 특히 여러 명이 있는 공식적인 자리에서 '모른다'고 하면 무능해 보일 수 있기 때문에 은근슬쩍 대답을 피하기 위해 다른 주제로 말을 돌린다.

캘리포니아대학교 심리학과의 로라 크레이(Laura Kray) 교수의 연구에 따르면, 사람들은 자신의 지식이 부족한 주제에 대해 질문받았을 때 직접적인 답변 대신 동문서답을 하는 경향이 있는 것으로 나타났다.[1] 이러한 반응은 자신의 무지(無知)를 감추려는 노력일 수 있다. 아무런 답변도 못 해서 '아는 게 없다'는 인상을 줄 바에야 뭐라도 대답해서 '질문을 이해하지 못했다'는 인상을 주는 것이 낫다는 계산이다.

## 음흉한 것보다 무식한 게 낫다

하지만 동문서답은 결코 좋은 대화 방법이 아니다. 당장의 상황을 모면하려다 불신만 더 커질 뿐이다. 상대도 정말 질문을 잘못 이해한 것인지, 일부러 대답을 회피하는지는 쉽게 구별할 수 있다. 자칫 상대가 '나를 무시하는 건가'라는 생각을 할 수 있다. 이럴 때는 차라리 솔직히 답변하고 양해를 구하는 것이 훨씬 낫다.

"이거 금리 11%야. 많이 높지? 내가 작년에 가게 운영할 때

자금 사정이 힘든 시기가 있었는데 너무 급해서 미처 당신하고 상의를 못 했네. 미안해."

"이 게임기 중고거래로 산 거야. 당신한테 미리 말하지 못하고 사서 미안해. 너무 갖고 싶어서 그랬어."

"저희 팀 실적이 기대에 못 미쳐 죄송합니다. 사실은 채널 간에 마케팅 예산을 제대로 분배하지 못해 그런 것 같습니다."

"일본 국민 중 방사능 오염수 배출을 반대한 비중이 몇 퍼센트인지는 솔직히 저도 잘 모르겠습니다. 죄송합니다."

"요즘 지하철 요금이 얼마나 올랐는지 미처 확인하지 못했습니다. 곧 확인해보겠습니다."


반대로 당신이 무언가를 물어봤는데 상대가 자꾸 대답을 회피하며 동문서답을 한다면 이렇게 말해보자.


"괜찮으니까 일단 내가 물어보는 내용에 대해 정확히 대답하면 좋겠어."

"요즘 같은 시장 상황에서 성과를 내기 힘든 거 압니다. 하지만 원인을 정확히 알아야 대처할 수 있지 않겠습니까?"

모르는 것을 모른다고 솔직하게 말한다고 해서 신뢰감이 떨어지지 않는다. 상황을 모면하기 위해 동문서답을 하는 경우에는 시간이 지날수록 상대의 분노와 실망감은 더욱 커지게 된다. 처음부터 솔직히 말하면 상대가 곧바로 화를 내겠지만 갈등 상황도 그만큼 빨리 마무리된다.

# 11
# 나는 잘못한 게 없어야 한다는 심리

아내가 외출한 동안 나는 일곱 살짜리 딸아이를 돌보고 있었다. 아내가 집에 돌아와서 목욕을 하지 않은 딸아이를 보고 한마디 했다.

"세령이 목욕 아직 안 시켰어?"

나는 아내의 말을 듣고 짜증이 나고 기분이 나빴다. 딸아이를 목욕시키지 않은 것이 마치 내 잘못이라는 듯 말했기 때문이다.

딸아이가 목욕하지 않은 것은 하나의 '상태'이다. '내가 목욕시키지 않았다'고 여기는 것은 아내의 해석이다. 똑같은 상황을 보고도 아내는 그 원인이 나에게 있는 것처럼 말했다.

비슷한 사례가 또 있다.

"애 옷을 이렇게 입혀서 밖에 내보냈어?"

겨울철에 딸아이가 옷을 제대로 입지 않고 나갔는데, 아내는 내가 옷을 안 입혀서 내보냈기 때문이라고 해석했다. 나는 딸아이의 옷을 제대로 입히려고 노력했다. 말로도 달래보고 강제로도 입혀보려고 했지만 딸아이가 말을 듣지 않았다. 아내는 그런 전후 사정은 모른 채 내가 마치 딸아이를 방치한 것처럼 말했다.

좋지 않은 상태의 원인을 무조건 상대의 탓으로 돌리는 사람들의 심리는 무엇일까?

## 남 탓 하는 마음과 자존감의 관계

문제를 남 탓으로 돌리는 현상을 심리학에서는 '귀인 편향 (attribution bias)'이라고 한다. 문제의 원인을 자신보다 타인, 환경, 변수와 같이 통제할 수 없는 외부 요인에서 찾으려는 것이다. 한마디로 자신은 책임지고 싶지 않은 상황에서 주로 발생한다. 이러한 심리적 현상은 자존감을 보호하고, 긍정적인 자아 이미지를 유지하기 위한 것이다.

미국 플로리다대학교 심리학과의 로이 바우마이스터(Roy

Baumeister) 교수는 성인을 대상으로 '부정적 감정과 비난하는 경향의 상관관계'에 대해 공동 연구를 수행했다. 연구 결과에 의하면 사람들은 스트레스를 받거나, 자존감이 낮거나, 부정적인 감정을 느낄 때 타인을 더 비난하는 경향이 있는 것으로 나타났다. 또한 무력감이나 상황에 대한 통제력이 부족하다고 느낄 때도 다른 사람들을 더 비난하는 경향이 있었다.[2]

아내가 어떤 것을 내 탓으로 돌릴 때 아내는 스트레스를 꽤 많이 받고 있는 상태였던 것 같다. 코로나19로 인해 아내가 운영하는 학원의 매출은 감소했고, 아이들은 집 안에서 보내는 시간이 길어졌다. 그러한 상황에서 아내는 자존감이 많이 떨어졌을 것이다. 이것 또한 나의 확증 편향일 수 있지만 아내의 행동을 이해하는 데는 도움이 된다.

## 원인 탐색보다 문제 해결식 대화법

문제의 원인을 무조건 상대방에게 돌리듯이 말하는 사람에게는 어떻게 대처하면 좋을까?

1단계, 침착함을 유지한다. 물론 쉽지 않은 얘기다. 감정적으로 동요하기 쉽다. 억울하고 황당하고 화가 날 수도 있다. 하지만 상대방의 말에 동요하지 않으려고 노력해야 한다.

"내가 언제 그렇게 옷을 입혀 내보냈다는 거야? 지금 그걸 말이라고 하는 거야? 나도 옷을 제대로 입혀서 내보내려고 했어. 근데 애가 안 입는다는 걸 어떡해."

내가 이렇게 말했다면 아내는 더 격한 반응을 보였을 것이다. 상대가 무슨 말을 하든 일단 침착함을 유지해야 한다.

2단계, 남 탓으로 돌리듯 말하는 상대가 원래 불안감이 높은 사람이라고 생각한다. 뭔가에 불안감을 쉽게 느끼는 사람일수록 이렇게 이야기한다. 불안감을 느끼는 대상은 사람, 성과, 미래 등 다양하다.

미국 컬럼비아대학교 비즈니스스쿨 조직행동학 연구자들의 연구 결과에 따르면, 불안감을 느끼는 사람들이 자신의 직무 성과에 대해 자기보호적 방어기제를 사용하는 경향이 있는 것으로 나타났다. 직장에서 자신의 실수나 문제를 다른 사람 탓으로 돌리는 경향이 있다는 의미다.[3]

남 탓으로 돌리듯 말하는 사람을 보며 '이 사람도 자신의 성과, 책임 등 뭔가에 불안감을 느껴서 남 탓을 하고 있는 것'이라고 생각한다. 이는 상대가 아니라 나 자신을 위한 것이다. 그렇게 생각하면 억울함이나 분노가 조금은 옅어질 수 있다.

3단계, 문제 해결에 초점을 맞춘다. 내 탓, 네 탓을 따지기보다 문제 해결을 위한 대화로 방향을 이끌어본다. 예를 들면 다음과 같다.

"애가 고집을 피우지 않고 따뜻하게 옷을 입고 나가려면 어떻게 해야 할까? 당신 생각을 듣고 싶어."

다툼이 아닌 문제 해결을 위한 질문을 건네본다. '아이에게 옷을 따뜻하게 입히고 싶은데, 아이가 옷을 입지 않겠다고 고집을 부리면 어떻게 해야 할까?' 이렇게 질문하면 상대방은 남 탓으로 돌리는 듯한 말을 멈추고 해결 방법을 이야기해줄 것이다.

"잘못을 찾지 말고 해결책을 찾아라."

미국의 자동차 왕 헨리 포드의 말이다. 남 탓을 하며 문제의 원인을 추궁하는 사람들에게 꼭 해주고 싶은 말이다.

# 12
# 일단 '아니'라고 말하는 심리

"내가 그런 거 아닌데?"

"저는 모르는 일인데요. 그게 왜 거기 있지?"

"저는 아니에요. 왜 이렇게 된 거죠?"


　일상에서 종종 마주치는 화법이다. 이러한 말을 자주 하는 사람들은 어떤 마음을 가지고 있을까? 문제가 될 수 있거나, 자신이 불리할 수도 있는 상황을 사전에 차단하고 싶은 욕구가 높은 사람이다. 그래서 미리 '내가 한 것이 아니다. 나와 연관시키지 말라'는 메시지를 전달하는 것이다.

　심리학에서 말하는 '자기표현(self-presentation)' 이론에 따르면, 사람들은 타인에게 자신의 긍정적인 모습을 보여주려고 동기부여를 하는 경향이 있다고 한다. 자신이 부정적인 모습으로 비쳐질 상황에 대해 미리 부정함으로써 다른 사람들의 부정적 판단을 차단하고 자신의 이미지를 보호하고 싶은 욕구는 누구나 가지고 있다.

물론 자신이 안 한 것이니 안 했다고 말할 수 있다. 자신은 모르는 것이니 모른다고 말할 수 있다. 하지만 그러한 말습관은 상대에게 좋은 이미지를 주기 어렵다.

특히 자기방어 기제가 발달한 사람들에게서 이런 말습관이 자주 나타난다. 자신이 문제의 책임이나 질책을 받을 수 있다는 생각에 본능적으로 방어하는 것이다. 자신이 한 것이 아니라고 미리 선을 그어서 심리적 안정감을 느끼고자 한다.

이런 사람에게는 중요한 일을 논의하거나 부탁하기가 꺼려진다. 책임감이 없어 보이기 때문이다. 자신의 문제와 타인의 문제에 선부터 그으려고 하는 사람들과 어떤 일을 함께하고 싶은 마음이 들지 않는다.

# 살짝 선을 넘는 대화의 효과

캘리포니아대학교 심리학과의 데처 켈트너(Dacher Keltner) 교수는 뭔가를 부정하는 모습은 실제로 인간관계에 부정적인 영향을 미칠 수 있다고 말했다. 상대에게 신뢰감을 주지 못하고, 심한 경우 좌절감과 분노를 일으킬 수 있기 때문이다.[4] 자신에 대한 부정적 이미지를 피하고자 무언가를 계속 습관처럼 부정한다면, 그 자체로 부정적인 이미지로 비쳐질 수 있다.

긍정적 표현도, 부정적 표현도 적당히 하는 것이 좋다. "제가 그런 게 아닌데요?"라고 강한 부정을 하기보다 조금 더 부드럽게 표현해보자.

"제가 그런 건 아닌데 누가 그런 건지(어떻게 된 건지) 한번 알아볼까요?"

상대방에게 '나는 관련 없다'라는 메시지와 '너의 기분과 상황을 이해하니 적극적으로 도와줄 마음이 있다'는 메시지를 동시에 전달하는 표현이다.

이렇게 말하면 상대방은 보통 2가지 반응을 보인다.

첫 번째는 "아니요, 괜찮아요. 제가 알아볼게요"라고 말한다. 이런 경우에는 여기에서 나의 역할은 끝나고 상대방에게 좋은 이미지를 남기고 훈훈하게 마무리한다.

두 번째는 "네, 그래 주시면 감사하겠습니다"라고 말한다. 이런 경우에는 사실관계를 함께 알아본다. 그 자리에서 관련자에게 전화해보거나, 이후에 상황을 좀 더 파악하고 나서 알려줘도 좋다. 함께 알아봐 주는 행동 자체가 상대에게 좋은 인상을 심어줄 수 있다. '내 영역, 네 영역'을 구분하지 않고, 상대의 마음을 좀 더 헤아려주는 것이다.

사람의 마음을 얻는 것은 그리 어렵지 않다. 상대의 마음에 살짝 다가가기만 하면 된다. 상대의 영역으로 살짝 넘어가는 행동이 묵직한 호감을 끌어낼 수 있다.

# 13
# 기억을 못 하는 걸까, 발뺌하는 걸까?

"우리는 기억에 대해 생각할수록

더 많은 기억을 왜곡한다."

하버드대학교 인지심리학과의 대니얼 샥터(Daniel Schacter) 교
수가 한 말이다. 기억하려고 할수록 기억이 또렷해지는 것이
아니라 왜곡된다고 하니 역설적으로 들린다.

"내가 말했던 것 같은데, 말 안 했나?"
"아닌데? 난 그렇게 말한 적 없는데?"

이런 말을 하면 진짜 그렇게 기억하는 건지, 아니면 모른 척

발뺌을 하는 건지 의심스러울 때가 있다.

다음은 내가 아내와 나눈 대화의 일부이다.


나 : 이번 주 토요일 스케줄 어떻게 돼?

아내 : 작은애 데리고 특별 개인지도를 받으러 갈 거야. 내가 얘
　　　기했잖아?

나 : 얘기 안 했는데?

아내 : 무슨 소리야? 내가 얘기했던 것 같은데?

나 : …….


비슷한 사례가 또 있다. 가족들과 여행을 떠나기 전 이것저
것을 챙기는 상황이었다. 내가 선크림을 사용하고 아내의 손에
쥐어주었다. 아내는 당시 경황이 좀 없어 보이긴 했다. 약 5분
뒤에 아내가 나에게 물었다.


아내 : 선크림 어디 있어?

나 : 내가 아까 당신 손에 쥐어줬잖아?

아내 : 언제? 당신이 언제 줬어?

나 : …….

## 무의식적인 기억의 재구성

아내는 분명 말한 적이 없는데 내게 말했다고 하는 상황이 종종 있다. 하지만 상대가 확신을 가지고 아니라고 말하면 할 말이 없다.

실제로는 말하지 않았으면서 말했다고 하는 사람, 실제로는 말했으면서 그런 적 없다고 하는 사람, 실제로는 받았으면서 받지 않았다고 말하는 사람의 심리는 무엇일까? 실제와 다르게 기억하고 말하는 이유는 무엇일까? 심리학적 관점에서 몇 가지 가능성을 살펴볼 수 있다.

첫 번째, 자기보존(self-preservation) 욕구이다. 해로운 것으로부터 자신을 보호하려는 자연적인 본능과 비슷하다. 우리는 부정적이거나 충격적인 사건을 경험할 때, 감정적 영향을 줄이거나 우리의 마음을 보호하기 위해 무의식적으로 그 사건에 대한 기억을 바꿀 수 있다.

두 번째, 긍정적 자아 이미지를 보존하려는 욕구이다. 우리는 자신을 긍정적으로 보고 싶어 하는 경향이 있다. 이러한 과정에서 자신이 생각하는 긍정적 자아상과 일치하지 않는 기억은 지워버릴 수 있다. 이것은 이기적 편향(self-serving bias)과도 연관이 있다. 이기적 편향이란 성공을 내적 요인(능력, 노력 등)으로 돌리고 실패를 외적 요인(행운, 상황 등)으로 돌리는 경향을 말한다. 쉽게 말해 잘되면 내 탓이고, 못 되면 남 탓, 상황 탓을 하는 심리다.

캘리포니아대학교 심리학과의 마라 매서(Mara Mather) 교수가 공동 연구한 결과에 따르면, 자신의 긍정적 이미지를 유지하려는 동기가 강할 때, 기억을 재구성할 가능성이 큰 것으로 나타났다.[5]

예를 들어 범죄로 기소된 사람은 자신의 이미지를 보호하고 범죄자로 낙인찍히지 않으려고 무의식적으로 사건에 대한 기억을 조작할 수 있다. 나 역시 마찬가지다. 내가 관여한 일이 뭔가 잘못되었을 때는 또렷이 기억하지 못하는 경우가 있다. 나에게 조금이라도 유리하도록, 내가 조금이라도 피해를 덜 입도록 기억을 바꾸는 것이다.

결론적으로, 우리는 자신을 위험으로부터 지키려는 욕구, 자신의 긍정적 이미지를 유지하려는 욕구 등으로 인해 의식적으로든 무의식적으로든 기억을 왜곡하고 재구성한다.

# 기억을 저장하는 습관

스탠퍼드대학교 심리학과의 고든 바우어(Gordon Bower) 교수는 54명의 성인을 대상으로 '자신에 대한 긍정적 또는 부정적 정보를 받아들이는 경향'에 대해 공동 연구를 실시했다. 연구 결과에 따르면, 사람들은 자신에게 부정적인 정보보다 긍정적인 정보를 더 잘 기억하는 경향이 있다. 자신에 대한 긍정적인 정보에 더 주의를 기울이고, 더 많은 의미를 부여하며, 더 많은 생각을 한다는 것이다. 또한 사람들이 긍정적인 정보에 대해 감정적 반응도 더 많이 한다고 한다.[6]

이처럼 자신에 대해서는 긍정적인 정보만 받아들이고, 타인에 대해서는 부정적인 정보만 받아들일 수 있다. 아무래도 타인에 대한 칭찬보다 타인에 대한 비난에 더 관심을 가지기 때문이다. 이처럼 우리는 타인의 흠, 소문, 단점 등과 같은 부정적인 모습에 더 관심을 가지고 주의를 집중한다.

미국에서 실제로 있었던 일이다. 로널드 코튼이라는 남성은 제니퍼 톰슨이라는 여성을 강간한 혐의를 받고, 이 여성의 증언을 토대로 법정에서 유죄 판결을 받았다. 진실은 그 이후에 밝혀졌다. 나중에 검출된 DNA 검사 결과 그 남성이 범죄자가 아니며, 그 여성의 기억이 부정확했다는 사실이 밝혀졌다. 부정적인 모습으로 기억이 왜곡되면 무죄가 유죄가 될 수도 있음을 보여준 사례이다.

우리는 의도했든 의도하지 않았든 기억을 왜곡할 수 있다. 따라서 우리가 믿고 있는 것이라고 해도 신중하게 표현해야 한다. 특히 타인에 대한 안 좋은 소문, 모습, 행동을 기억할 때는 좀 더 주의를 기울이자.

기억을 자주 왜곡하는 사람들을 대하는 가장 좋은 방법은 증거를 남기는 것이다. 그런 사람들과 중요한 이야기를 할 때는 메시지로 남기는 것이 좋다. 예를 들어 아내가 "이번 주 토요일 오후 3시에 세령이 학원으로 데리러 가야 해"라고 말했다면, "이번 주 토요일 오후 3시 학원 픽업"이라고 아내에게 메시지를 보낸다. 상대에게 글로 남겨서 나중에 잊어버리는 것을 방지할 수도 있고, '나는 당신이 하는 말을 중요하게 생각하고 메모하는 사람'이라는 이미지를 심어줄 수 있다.

물론 모든 상황에서 상대가 하는 말을 글로 남기는 것이 쉽지는 않겠지만 가능한 범위 내에서 최선을 다해보자. 나중에 불필요한 갈등이 일어났을 때를 대비해서 말이다.

# 14
# 인사치레와 진심을 구분하는 법

상대방이 곤경에 처했던 상황을 나중에 알고 나서 이렇게 말하는 사람들이 있다.

"나한테 왜 말 안 했어? 알았다면 도와줬을 텐데. 내가 그쪽에 아는 사람들이 많거든."

이런 말을 들으면 솔직히 고맙기도 하지만 한편으로는 '정말 도와줬을까?' 하는 의구심이 들 때가 있다. 인사치레로 그냥 하는 말이라는 생각이 드는 것은 어쩔 수 없다.

이렇게 말하는 사람들의 심리는 무엇일까?

첫 번째, "나는 누군가 어려움에 처하면 반드시 도와주는 사람이다"라는 원칙의 소유자일 수 있다. 심리학에서 말하는 인지 부조화(cognitive dissonance)에 따르면, 우리는 자신의 평소 신념과 일치하는 행동을 하지 않을 때 불편을 느낀다.

예를 들어 "나는 어려움에 처한 사람들을 돕는다"는 신념을 가지고 있는 사람이 실제 상황에서 도움을 주지 못했을 때는 불편함을 느낄 수 있다. 평소 신념과 일치하는 행동을 하지 못했기 때문이다. 그러한 상황에서는 가만히 있으면 불편함이 쉽게 없어지지 않는다. 그래서 불편함을 조금이라도 덜 느끼려고 말로라도 "알았다면 도와줬을 것이다"라고 말한다. 일종의 자기 합리화인 셈이다. 그렇게 함으로써 조금이나마 불편한 마음을 덜어낼 수 있다.

사회심리학자 엘리엇 아론슨(Elliot Aronson) 박사는 '타인에게 도움을 주지 않은 행동이 자신의 감정에 미치는 영향'을 주제로 공동 연구를 수행했다. 연구 결과에 따르면, 도움이 필요한 누군가를 돕지 못한 사람들은 자신의 그러한 태도에 대해 변명하거나 자신의 행동을 합리화할 가능성이 더 큰 것으로 나타났다. 또한 도움을 주지 않은 것에 대해 죄책감을 느낀 사람들이 미래에 도움을 줄 가능성이 더 높았다.[7]

당신에게 "도와주지 못해 미안하다"라고 말하는 사람들은 자기 합리화를 하고 있거나, 미래에 당신이 어려움에 처했을 때 정말로 도움을 줄 가능성이 큰 사람들이다.

두 번째, 감정적으로 미안함을 느끼는 사람이다. 상대에게 도움을 주지 못했던 것이나 그러한 상황을 모르고 있었던 것 자체에 대해 미안한 마음을 표현하는 것이다. 타인의 '심리적 안녕감'에 대한 책임감이 작용했을 수 있다. 이들은 이타적 성향이 높은 사람들일 가능성이 크다.

세 번째, 자신의 능력을 뽐내고 싶은 사람일 수 있다. 실제로는 도와줄 마음이나 능력도 없으면서 그렇게 말하는 것이다. 그야말로 인사치레 그 이상도 아니다. '그런 일이라면 내가 아는 사람이 있는데', '내가 마침 여유가 있었는데', '내가 해봤는데'라는 반응을 보인다.

반대로 내가 누군가의 어려움을 뒤늦게 알게 되었다면 어떻게 말해야 할까? "왜 진작 말을 안 했냐? 알았으면 조금이나마 도와줬을 텐데"와 같은 반응은 오히려 부정적 감정을 불러일으킬 수 있다. 말하지 않은 것만 못하다. 소심한 사람들은 그런 말을 들으면 아쉬움, 안타까움, 더 나아가서 말하지 못한 죄책감을 느끼기도 한다. 이들은 '얘기하지 말걸 그랬다' 하며 다음번에 힘든 일이 있을 때는 아예 얘기를 꺼내지 않을 수도 있다.

## 말로만 해결사보다 공감 능력자가 돼라

누군가 어려움에 처했던 이야기를 뒤늦게 알았다면 이렇게 말해주자.

"그런 일이 있었구나. 많이 힘들었겠다. 그래도 잘 이겨낸 것 같아서 다행이다."

이런 말 한마디면 충분하다. '왜 말하지 않았냐', '말했으면 도와줬을 텐데', 이런 말은 아무런 위로가 되지 않는다. 말로는 무엇이든 못 하겠는가.

너무 지나치게 반응하거나 상대에게 조언하는 행동도 조심해야 한다. 오히려 상대에게 불편한 감정을 불러일으킬 수 있다.

인간중심 상담기법(human-centered psychotherapy)을 만든 심리학자 칼 로저스(Carl Rogers)에 따르면, 상담자가 내담자에게 너무 많은 조언을 해주면 부정적 감정과 태도를 유발할 수 있다고 한다.[8] 불필요한 말이나 너무 많은 조언은 대화의 균형을 깨고, 내담자의 자율성과 자기 효능감을 오히려 떨어뜨릴 수 있다는 것이다.

상대에게 자신의 마음을 너무 많이 보여주지 말자. 자신의 느낌과 감정을 모두 전달해야 한다는 부담감을 줄여보자. 상대의 얘기를 단순히 들어주고 최소한의 반응만 해주는 것도 믿음을 주는 좋은 방법이다.

"때때로 사람들이 원하는 전부는
공감하며 들어주는 귀이다."

캐나다의 작가이자 강연가인 로이 베넷(Roy T. Bennett)의 말이다. 그저 이야기를 들어주는 것만으로도 상대는 큰 위안과 용기를 얻을 수 있다. 굳이 많은 말을 하지 말자. 지나치게 반응하지 말자. 때로는 많은 말보다 진심을 담은 한마디가 더 큰 울림을 준다는 사실을 기억하자.

# 15
# 내가 아닌 남들이 그렇다고 하면 믿는 심리

"내가 하는 말이 아니고, 누가 그러는데 말이야……."

상대를 위한답시고 이렇게 말하는 사람들이 있다. 하지만 정작 듣는 사람들은 기분이 유쾌하지 않다. 대부분 기분 좋은 얘기가 아니기 때문이다.

듣는 사람의 입장에서는 기분 나빠하기도 애매하고 누구의 말인지 출처를 따져 묻기도 힘들다. 차라리 안 듣는 것만 못한 말이다.

다른 사람의 말이라고 하면서 꺼내는 심리적 이유는 무엇일까? 내 생각이 그렇다고 하면 관계가 틀어질 것 같으니 제삼자를 끌어와서 대신 말하는 것처럼 포장한다.

이렇게 말하는 가장 큰 이유는 갈등을 피하고 싶어서이다. 상대방이 기분 나쁠 수도 있는 말이기 때문이다. 다른 사람의 생각인 것처럼 말하면 자신에게 오는 비난의 화살과 책임으로부터 자유로워질 수 있다.

## 제삼자 개입식 대화법의 효과

다른 사람이 한 말임을 내세워서 자신이 하고 싶은 말을 하는 방식을 자주 남발하거나 악용하면 문제가 될 수도 있다. 어쨌든 상대방은 기분이 나쁠 수도 있고, 100% 당당하지는 못하기 때문이다. 하지만 꼭 해야 하는 말이 있을 때 관계가 악화되는 것을 최소화하는 대화법이 될 수 있다.

예를 들어 함께 근무하는 상사가 회식을 너무 좋아해서 회식을 줄이면 좋겠다는 바람이 있다면 어느 날 용기를 내어 말한다.

"요즘에 직원들 사이에서 회식을 너무 자주 하는 것 같다는 말이 나오더라고요."

친한 사이에도 쉽게 꺼내서는 안 되는 이야기 소재 중 하나가 정치다. 친한 친구와 가족이라도 정치적 견해는 천차만별이다. 함부로 꺼냈다가 싸움으로 번질 수 있다. 그런 만큼 정치를 얘기할 때는 각별한 주의를 기울여야 한다.

그런데 회사, 학교, 군대와 같은 조직에서 가끔 윗사람이 정치적 의견을 먼저 꺼낼 때가 있다. 피할 수 있으면 피하는 것이 좋다. 그와 반대되는 의견을 가지고 있다면 언짢아할 것이 뻔하니 솔직히 말하기 어렵다. 그래도 내 의견을 말하고 싶을 때는 다른 사람의 의견인 것처럼 말해본다.

"요즘 그 정당이 좀 문제가 있다고 말하는 사람들이 많은 것 같더라고요."

내 속마음이 아닌 것처럼 속마음을 전달하는 방식이다. 물론 매사에 이런 식으로 대화하면 안 된다. 자칫 갈등이 빚어질 수 있는 상황에서 최소한으로 꼭 필요할 때 자기 생각과 의견을 표현하는 방법이다. 안전한 상태를 유지하면서 자신의 마음을 간접적으로 드러내는 것이다.

# 가면을 쓰면 호랑이 기운이 솟아난다

심리학에는 '탈개인화(deindividuation)'라는 개념이 있다. 사람들이 마스크를 쓰고 있을 때 수줍음을 덜 느끼고 남을 덜 의식한다고 한다. 마스크를 쓰면 더 큰 용기와 자신감을 가질 수 있다는 것이다.

사회생활 초반에 다니던 회사에서 공연을 한 적이 있다. 동료 신입사원 몇 명과 함께 수백 명의 임직원들이 보는 앞에서 무대로 나가 춤을 춰야 했다. 평소에 그런 경험이 전혀 없었던 나로서는 정말 힘든 일이었다. 그런데 큰 곰인형 탈을 쓰고 하니 한결 마음이 가벼웠다. 난생처음 탈을 쓰고 무대 위에서 나 자신을 버리고 몇 분 동안 미친 듯이 몸을 흔들었다. 탈이 없었다면 불가능한 일이었다.

탈을 쓰고 있는 순간에는 용기가 났다. 사람들은 어차피 나를 볼 수 없고, 내가 누군지도 모른다는 생각을 하니 마음이 편했다. 마스크는 나에게 용기를 줬다.

마스크를 쓰면 대범하게 행동할 수 있듯이, 다른 사람의 입을 빌려 용기 있게 말할 수 있다. 정말 해야 할 말이지만 대놓고 하기 어려운 경우에 유용하다.

소설 《비도덕주의자(The Immoralist)》를 쓴 프랑스 작가 앙드레 지드는 다음과 같이 말했다.

"할 말은 이미 다 했다.
그러나 아무도 듣지 않으니,
다른 사람의 입을 빌려서
모든 것을 다시 말해야 한다."

우리의 목소리가 잘 전달되지 않거나 무시당했다고 느낄 때, 다른 사람의 말이나 표현을 사용하여 나의 생각과 감정을 전달해보자.

# 16
# 정말 몰라서 모른다고 하는 걸까?

무슨 얘기만 하면 '몰랐다'고 말하는 사람들이 있다. 그러면 정말 몰랐을까 하는 생각이 들기도 한다. 일단은 부정하고 위기를 모면하려는 것처럼 보인다. 실제로는 알았으면서 몰랐다고 말하는 심리는 뭘까?

심리학에서 말하는 '사회적 바람직성 편향(social desirability bias) 이론'에 따르면 우리는 사회적으로 받아들여질 만하고 바람직하게 여겨지는 대답을 하는 경향이 있다고 한다. 특히 어떤 사실을 알고 있다는 것이 부정적으로 받아들여질 때는 이런 경향이 더 심해질 수 있다.[9]

예를 들어 어떤 프로젝트를 진행하기에 시장 상황이 안 좋다는 것을 알고 있었다고 가정해보자. 그런데도 프로젝트가 진행되었고 결국 실패했다면 어떤 감정이 들까?

다른 사람들의 부정적 판단이나 인식을 피하려고 시장 상황이 안 좋다는 것을 알고 있었음에도 몰랐다고 할 가능성이 크다. 정치인들이 어떤 혐의를 받을 때마다 일단은 '몰랐다'고 말하는 것도 비슷한 이유다. 사회적으로 바람직한 모습을 보여야 할 정치인들이 지탄받을 행위를 했다는 의심을 받으면 안 되기 때문이다.

그렇게 모르쇠로 일관하면 위기를 모면하고 문제를 피할 수 있는 것일까? 사람들은 생각보다 누군가의 거짓말을 꽤 잘 구별해낸다.

## '모른다'는 말이 거짓말일 확률 54%

캘리포니아대학교 심리학과의 벨라 데파울로(Bella DePaulo) 교수는 '일상생활에서 거짓말'이란 주제로 공동 연구를 진행했다. 이 연구를 통해 "사람들은 몰랐다고 말하는 사람들을 의심의 눈초리로 바라보는 경향이 있다"는 것이 밝혀졌다.[10]

그들은 또한 '사람들이 거짓말을 얼마나 잘 구별해내는지'에 대한 연구를 수행했다. 그 결과에 따르면, 사람들은 거짓말을 탐지해내는 데 평균 54%의 정확도를 보였다. 우연히 맞히는 일반적인 비율인 50%보다 높은 수치다. 내가 거짓말하고 있다는 사실을 상대방이 알고 있을 가능성이 50% 이상은 된다는 의미다.

벨라 데파울로 교수는 실제로는 알면서 일단은 몰랐다고 말하는 행위에는 위험이 따를 수 있다고 한다.[11] 순간적 위기를 모면하기 위해 의식적으로, 또는 무의식적으로 '몰랐다'고 말하더라도 상대는 그것을 믿기는커녕 오히려 더 불신하게 된다.

신뢰는 인간관계를 유지하는 데 매우 중요한 요소이다. "호미로 막을 것을 가래로 막는다"는 속담처럼 알고 있었는데도 몰랐다고 거짓말하다가 일이 더 커질 수 있다. 누군가에 대한 좋은 감정을 쌓는 데는 시간이 오래 걸리지만 좋지 않은 감정으로 무너지는 것은 한순간이다. 한 사람의 마음을 여는 데 걸리는 시간은 한 사람의 마음이 닫히는 데 걸리는 시간과 같지 않다.

더구나 거짓말을 들키지 않기 위해 당신은 수많은 거짓말을 더 해야 한다. 스코틀랜드의 역사가 월터 스콧(Walter Scott)은 다음과 같이 말했다.

"우리가 처음 거짓말을 연습할 때
얼마나 얽힌 거미줄을 만드는지 모른다."

하나의 거짓말을 들키지 않기 위해 거미줄처럼 얽히고설킨 수많은 거짓말을 만들어내야 한다. 고백의 고통, 창피함, 좌절감은 잠깐이지만 거짓이 거짓을 낳는 고통은 그보다 더 강하고 오래 남을 수 있다.

# 17
# 하기 싫으면 몸부터 아픈 사람

툭하면 어디가 아프다고 말하는 사람들이 있다. 출근을 앞두고, 회식을 앞두고, 회의를 앞두고, 단합대회를 앞두고 번번이 몸이 안 좋다는 핑계를 대며 참석하지 않는다.

그런데 우리 몸은 희한하게도 아프지 않다가도 자꾸 아프다고 생각하면 실제로 아플 때가 있다. 우리의 몸은 생각과 밀접하게 연관되어 있기 때문이다. 대표적인 것이 스트레스이다. 어떤 사람은 조금만 스트레스를 받아도 몸이 아프다.

심리적 증상 중에 '전환장애(conversion disorder)'라는 것이 있다. 심리적 상태가 신체로 표현되는 경우를 말한다. 예를 들어 시력이 갑자기 떨어지거나 몸이 갑자기 마비될 때가 있다. 의학적으로 진단해보면 아무런 이상이 없는데도 말이다. 마음이

나 정신의 문제가 신체로 전이된 경우이다. 이러한 증상이 발생하는 이유는 스트레스나 트라우마 때문이라고 한다.[12]

영국의 공인인력개발연구소(CIPD, Chartered Institute of Personnel and Development)가 2018년에 발표한 보고서에 따르면, 조사에 참여한 영국 직장인의 약 40%가 휴가를 쓰려고 거짓말한 적이 있다고 응답했다.[13]

가끔 아이들도 학교 가기 전에 갑자기 배가 아프다고 할 때가 있다. 병원에 데려가 보면 별다른 원인이 없다. 학교에 가기 싫다는 생각이 실제로 배 아픈 증상으로 나타난 것이다.


## 마음이 보내는 원인불명의 신체 증상

독일 쾰른대학교 심리학과의 요리스 람머스(Joris Lammers) 교수가 공동 연구한 결과에 따르면, 사람들은 다른 사람들이 변명하고 있다는 것을 정확히 구별한다고 한다. "사람들은 누군가 변명을 하면 그 사람의 거짓이나 속임수를 감지해낼 수 있는 사회적 단서에 민감하기 때문"이라는 것이다.[14]

본인은 그럴싸한 변명을 하고 있다고 생각하지만 상대방은 그렇게 생각하지 않는다. 내가 상대방을 속일 수 있다고 생각하듯이, 상대방도 나의 변명을 쉽게 알아챌 수 있음을 명심하자.

하기 싫은 일을 앞두고 있다면, 참석하고 싶지 않은 자리가 있다면 차라리 솔직히 말하고 양해를 구하는 것이 낫다.

"죄송한데 회의 발표는 저 대신 다른 분이 좀 해주시면 안 될까요? 제가 잘 모르는 분야라서요."

"죄송한데 오늘 회식은 좀 빠지면 안 될까요? 오늘은 집에 일찍 가서 쉬고 싶어서요."

이렇게 말하려면 엄청난 용기가 필요할 수도 있다. 하지만 변명하는 것보다 솔직한 것이 낫다.

유명 작가이자 강연가인 짐 론(Jim Rohn)은 다음과 같이 말했다.

"당신이 무언가를 정말 하기를 원한다면
방법을 찾을 것이다.
정말 하기 싫다면 변명을 찾을 것이다."

변명하고 피하는 대신 용기를 내서 도전할 방법을 찾아보자.

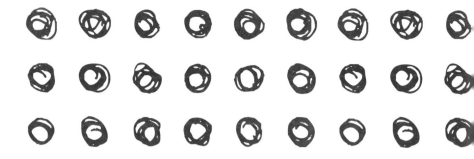

나의 어떤 말이나 행동이
**누군가에게 어떤 감정을**
불러일으키는지가 중요하다.
상대의 말과 행동에서 느낀 감정은
더 오래 기억에 남아 사람들과의
관계에 깊은 영향을 미친다.

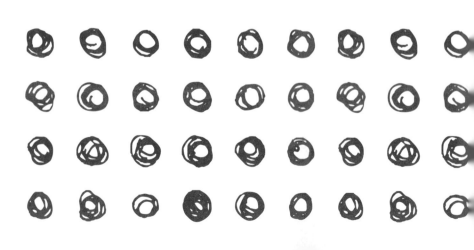

PART
03

상대의 **마음**을
두드리는 말 한마디

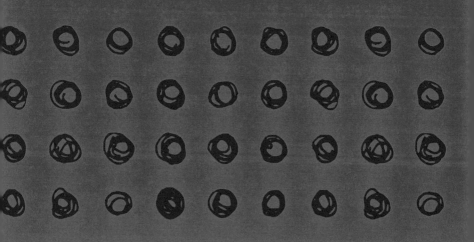

# 18
# 나이 들수록 왜 혼잣말이 늘어나는가?

심리학의 '자기규제 이론(self-regulation theory)'에 따르면 사람들은 자신의 감정을 더 잘 조절하기 위해 혼잣말을 한다. 받아들이기 힘든 정신적 충격을 받았을 때, 우울감으로 인해 어떤 일도 시작할 수 없을 때, 하고 싶은 말이 있는데 너무 흥분하여 제대로 전달되지 않을 때 혼잣말을 한다.

"그 사람이 어떻게 나한테 그럴 수 있지? 그래도 이해하려고 노력이라도 해보자."

"너무 우울해서 아무것도 하기 싫지만 그래도 가장 쉬운 것부터 한번 해보자."

"내가 왜 이러지? 잠시 흥분했나 보다. 다시 마음을 좀 가라

앉히자."

　이렇게 혼잣말을 내뱉으면 속으로 생각할 때보다 부정적인 기분이 훨씬 해소된다. 생각만 하면 내가 하는 말을 내 귀로 들을 수 없기 때문이다. 내가 직접 들으면 내 감정을 추스르는 데 큰 도움이 된다.

　혼잣말은 뇌에서 계획과 실행을 담당하는 전전두엽(prefrontal cortex)의 기능을 활성화하는 데도 도움이 된다. 그래서 우리는 할 일을 잊어버리지 않기 위해, 실수를 줄이기 위해, 목표에 집중하기 위해, 일을 체계적으로 해내기 위해 혼잣말을 하기도 한다.

　"집에서 나가기 전에 차 키를 꼭 챙기자."

　"장갑을 끼고 조심조심 부러뜨리지 않게……."

　"기한 내에 일을 끝내는 것에만 집중하자. 그럼 된다. 일단은 이것만 끝내자."

　"설탕 반 숟가락 넣고, 다음에는 김치를 썰고, 그다음에는 끓는 물에……."

이처럼 혼잣말을 하는 것은 스스로에게 청각적 통제를 하는 효과가 있다. 혼자 있지만 누군가의 통제를 받는 것과 같기 때문이다. 어떤 감정에서 벗어나고 싶거나, 어떤 일을 잘해내고 싶을 때 혼잣말로 되뇌이면 도움이 된다.

## 나 자신과 이야기하는 시간

혼잣말은 나이 든 사람들에게 확실한 효과가 있다. 심리적 허전함을 달래고 일상생활에서 적응력을 높일 수 있기 때문이다.

미국 일리노이대학교 심리학과의 개리 루피언(Gary Lupyan) 교수와 펜실베이니아대학교 심리학과의 대니얼 스윙리(Daniel Swingley) 교수는 '자신을 통제하는 말은 탐색 성과에 영향을 미친다'는 주제로 연구를 수행했다. 연구 결과에 따르면, 노인들이 혼잣말을 통해 자기 회복력을 향상하고 정서 조절을 하는 데 효과가 있는 것으로 나타났다. 또한 알츠하이머병으로 인한 정신적 어려움을 완화하고 일상생활에서 적응력을 높이는 효과가 있다고 한다.[1] 이처럼 어르신들이 혼잣말을 하는 데는 다 이유가 있다.

하지만 온종일 말동무 없이 혼자 있는 사람, 누군가 옆에 있지만 마음을 털어놓을 용기가 나지 않는 사람, 이 세상에 혼자라고 느껴지는 사람도 혼잣말을 자주 한다. 외로움을 덜기 위해 자신에게라도 말을 거는 것이다. 특히 나이가 들수록 혼잣말을 하는 경우가 많다. 이런 경우는 사회적 외로움과 고립감 때문이다.

주위에 혼잣말을 자주 하시는 어르신이 계신다면 애정을 가지고 따뜻한 말 한마디를 건네는 것은 어떨까? 아마도 반가운 마음으로 많은 얘기를 털어놓으실 것이다. 그동안 쌓여왔던 묵힌 얘기들을 털어놓으며 잠시나마 외로움을 잊을 수 있다. 우리에게는 잠깐의 시간이지만 그분들에게는 큰 행복의 시간이다.

"사람은 사랑하는 사람을 잃었을 때
그 사람을 그리워하는 것이 아니라,
그 사람과 함께했던 시간을 그리워한다."

독일의 작가 괴테의 말이다. 우리는 누군가와 함께 보낸 시간이든 누군가이든 항상 무언가를 그리워하는 존재다.

감정이나 행동의 통제를 위한 것이 아니라 그저 혼잣말이 늘어난다면 외로움을 느끼고 있는 것은 아닌지, 다른 사람과의 연결을 그리워하고 있는 것은 아닌지, 누군가와 마음을 털어놓는 솔직한 대화가 필요한 것은 아닌지, 누군가와 보냈던 시간을 그리워하고 있는 것은 아닌지 생각해보자.

# 19
## '그럴 줄 알았다'면서 왜 한 걸까?

스크린 골프장에서 후배가 공이 빗맞자 혼잣말로 중얼거렸다.

"내 이럴 줄 알았어."

그 순간 '정말 저럴 줄 알았다면 왜 그렇게 공을 쳤을까?' 하는 생각이 들었다. 일상에서 이런 말들을 자주 듣는다.

"그럴 줄 알았어. 그러게 왜 뛰어서 넘어지고 그래?"
"그럴 줄 알았어. 그때 주식을 팔았으면 손해를 안 봤잖아."
"그럴 줄 알았어. 그 사람을 믿는 게 아니었는데."

## 알고 있었던 것처럼 믿고 싶은 이유

심리학에는 '사후 확신 편향(hindsight bias)'이라는 개념이 있다. 어떤 일이 벌어지고 난 다음에 '그런 일이 벌어질 줄 알았다'라고 생각하는 경향을 말한다. 실제로는 그런 일이 벌어질 줄 몰랐으면서 하는 말이다.

정말 아이가 넘어질 줄 알았다면 아이가 뛰어오지 못하게 했을 것이고, 정말 주가가 떨어질 줄 알았다면 팔지 않았을 것이다. 정말 잘못될 줄 알았다면 상대방을 믿고 투자하지도 않았을 것이다. 실제로는 몰랐으면서 일이 벌어지고 난 뒤에 그럴 줄 알았다고 말하는 심리는 뭘까?

이것은 사건을 예측하는 자신의 능력을 과대평가하는 경향이 있기 때문이다. 어떤 일이 생길지 예측할 수 없다면 불안하다. 그러므로 어떤 일이 벌어지고 난 뒤에라도 '그럴 줄 알았다'고 생각하는 것이다. 미래를 어느 정도 예측할 수 있다는 믿음을 유지해야 심리적 안정감을 얻을 수 있기 때문이다.

미국 노스웨스턴대학교 심리학과의 닐 로즈(Neal Roese) 교수는 자신의 연구 논문에서 사후 확신 편향에 대해 다음과 같이 말했다.

"사후 확신 편향은

세상이 예측 가능하다고 믿고 싶은 욕구,

우리가 미래에 무슨 일이 일어날지 알 수 있다고

믿고 싶은 욕구에서 발생한다."[2]


우리는 미래를 어느 정도 예측할 수 있다고 믿으면서 마음의 안정감을 얻고 싶어 한다. 하지만 자신의 미래 예측 능력을 너무 과신하지 않아야 한다. 우리는 미래에 어떤 일이 벌어질지 정확히 알 수도 없고 통제하기도 어렵다. 이러한 현상을 설명하는 심리학 개념이 '통제 환상(illusion of control)'이다.


## 결과에 끼워 맞추는 원인 찾기

통제 환상은 인지 편향 중 하나로, 우리가 주어진 상황에서 실제보다 더 많은 통제력을 가지고 있다고 믿는 경향을 말한다. 이러한 현상은 주로 불확실한 상황에서 발생한다. 우리의 행동이 미래의 결과에 영향을 미칠 수 있다고 과대평가하는 것이다.

통제 환상이 과도하게 발현되면 실제로 통제할 수 없는 변수들에 대한 대비가 소홀해질 수 있고, 결국 대처하는 데 실패하는 부정적인 결과를 맞이할 수도 있다. 이러한 편향은 올바른 판단을 방해하여 잘못된 의사 결정의 원인이 되기도 한다.

세계적인 컨설팅 기업 맥킨지의 보고서에 따르면 향후 3년간 시장 상황의 변화를 예측할 수 있었던 기업은 20%도 되지 않았다고 한다.[3]

코로나19 팬데믹을 정확히 예측했던 사람이 몇 명이나 될까? 그런데 사태가 터지고 나서야 '이러이러한 데이터들을 보면 코로나19 사태를 예측할 수 있었다'라고 말한다. 사후 확신 편향과 통제 환상의 전형적인 사례이다.

예를 들어 자녀가 영어 시험에서 100점을 맞았다면, 자녀가 평소에 넷플릭스 드라마를 자막 없이 영어로 즐겨 본 일, 지난 한 달간 영어 학원을 한 번도 빼먹지 않은 일 등을 떠올리며 '역시 100점 맞을 줄 알았어'라고 생각한다. 반대로 영어 시험에서 50점을 받았다면, 자녀가 평소에 넷플릭스 드라마를 즐겨 본 일, 지난 한 달간 영어 학원을 몇 번 빠진 일 등을 떠올리며 '50점밖에 못 받을 줄 알았어'라고 생각한다. 결과에 맞춰서 원인을 찾아내는 식이다.

20세기 초 덴마크의 물리학자이며 양자역학 분야에서 중요한 업적을 남긴 닐스 보어(Niels Bohr)가 이런 말을 했다.

"예측하기는 매우 힘들다.
특히 미래에 대해서는 더욱 그렇다."

사후 확신 편향에 휘둘리면 원인과 결과를 혼동하게 된다. 어떤 일이 일어났을 때는 그 일이 일어난 원인을 정확하게 알아야 한다. 그래야 다음에 두 번 다시 실패하지 않도록 제대로 대비할 수 있다.

# 20
# 스펙과 배경으로 사람을 평가하는 심리

　회사에 다닐 때 스펙(SPEC)만으로 사람들을 평가하는 임원이 있었다. 심지어 처음 만나는 사람에게도 출신 학교와 부모님의 직업 등을 묻곤 했다. 자신이 담당하던 팀과 사업부도 자신이 원하는 스펙에 맞는 사람들을 데려왔다.

　스펙만으로 상대를 평가하는 사람은 누군가를 소개받거나 얘기를 들으면 그 사람이 가진 조건이나 배경부터 궁금해한다. 무슨 일을 하는지, 현재 살고 있는 집은 어느 지역인지, 어느 학교를 나왔는지, 해외 경험은 얼마나 되는지, 집안의 경제력은 어떤지, 부모님은 무얼 하시는지를 먼저 물어본다.

## 나를 기준으로 남을 평가하는 심리

상대의 인성이나 실제 능력보다 외적인 조건을 더 중요시하는 사람들의 심리는 무엇일까?

첫 번째, 자신이 내세울 만한 스펙을 가지고 있기 때문이다. 자신이 좋은 대학을 나왔고, 부모님이 좋은 직업을 갖고 있고, 좋은 집안에서 태어났다면 다른 사람을 바라볼 때도 그러한 기준들이 우선시될 수 있다.

심리학의 '자기강화 이론(self-enhancement theory)'에 따르면, 사람들은 자신이 가진 것을 긍정적으로 바라보고 이를 통해 자존감을 높이고 싶은 욕구가 있다. 그래서 자신이 가지고 있는 것을 기준으로 다른 사람을 평가한다. 자신에 대해 뿌듯함을 느끼는 것을 타인을 통해 다시 한 번 들여다보는 심리다.[4]

예를 들어 학업 성취도가 우수한 학생은 다른 사람을 평가할 때도 학업 성취도를 우선시할 수 있다. 비싼 차를 타는 사람은 다른 사람이 어떤 차를 타는지 관심을 가진다. 마찬가지로 자신이 괜찮은 외모를 지녔다고 생각하는 사람은 상대의 외모를 중요시하고, 부유한 가정에서 태어난 사람은 상대의 경제력과 사회적 지위를 더 중요하게 여길 수 있다.

두 번째, 사람의 배경과 능력은 비례한다는 편견 때문이다. 물론 더 좋은 대학을 나오고, 더 좋은 집안에서 자라고, 더 좋은 외모를 지닌 사람들이 더 좋은 능력을 갖추고 더 좋은 결과를 낼 수도 있다. 하지만 좋은 배경이 없는 사람은 실력도 뛰어나지 않을 것이라는 생각은 편견이다.

그들은 "개천에서 용 난다"는 말을 절대 믿지 않는다. 하지만 덜 좋은 대학을 나오고, 덜 좋은 집에서 자라고, 덜 아름다운 외모를 지닌 사람들의 능력이 부족하고 더 안 좋은 결과를 내는 것은 아니다.

암묵적 편견(implicit bias)은 사람들이 인종, 성별, 사회 경제적 지위에 근거하여 무의식적인 편견을 가질 수 있다는 의미다. 이러한 편견을 가지고 스스로 인식하지 못하는 사이에 타인의 특정한 배경에 관심을 갖는 것이다.

미국 노스웨스턴대학교 경영학과의 로런 리베라(Lauren Rivera) 교수는 연구를 통해, 접수된 이력서의 다른 내용이 모두 유사한 경우 채용 담당자는 자신의 회사와 문화적 유사성이 높은 지원자를 우선적으로 선택하는 경향이 있음을 발견했다.[5] 자신의 회사에 이미 근무하고 있는 사람들과 비슷한 성향과 문화적 배경을 지닌 사람들을 더 높이 평가한다는 의미다. 자신과 비슷한 점을 가지고 있는 사람을 선호하는 심리는 기업의 인사 채용에도 적용된다.

## 암묵적 편견을 깨부수기 위하여

물론 내가 가지고 있는 조건이나 능력을 자랑스러워하는 것은 당연하다. 하지만 내가 가지고 있는 것을 다른 사람이 가지고 있지 않다고 해서 평가절하해서는 안 된다. 세상 모든 사람들이 나와 똑같은 조건을 가질 수는 없다.

나와 같은 조건이나 배경을 갖고 있지 않은 사람 중에도 얼마든지 훌륭한 사람들이 있다. 상대는 내 눈에 보이지 않는 빛나는 보석을 갖고 있을지 모른다. 나의 기준으로 특정한 배경이나 스펙을 전부라고 생각해서는 안 된다.

〈뉴욕타임스〉의 칼럼니스트이자 퓰리처상을 수상한 작가 니콜라스 크리스토프(Nicholas Kristof)는 다음과 같이 말했다.

"재능은 보편적이지만 기회는 그렇지 않다."

재능이나 능력은 결코 특권층 출신이거나 최고의 교육을 받은 사람들에게만 부여되는 것이 아니다. 자신의 재능이 무엇인지 아직 모르는 사람은 있어도, 자신만의 재능이 없는 사람은 없다. 재능은 누구에게나 있다. 집안, 교육, 경제력, 나라, 인종을 떠나 누구나 재능을 가지고 있다. 단지 재능을 발견하고 발휘할 기회를 제대로 만나지 못할 뿐이다.

"당신이 나무를 오르는 능력으로

물고기를 판단한다면,

당신은 물고기가 능력이 없다고 여기며

평생을 살아갈 것이다."

　물리학자 알버트 아인슈타인이 한 말이다. 배경에 가려진 그 사람의 진짜 능력과 재능을 알아보아야 한다. 암묵적 편견에 사로잡히면 능력을 발휘할 기회조차 주지 못할 수 있다. 현재 가지고 있는 외적인 조건만으로 평가한다면 상대의 무궁무진한 잠재력을 알아보지 못하게 된다. 성공은 현재의 능력보다 이러한 잠재력에 좌우되는 경우가 많다.

# 21
# 행복감은 줄어들고
# 짜증은 늘어나는 사회

툭하면 짜증부터 내는 사람들이 있다. 이러한 사람이 옆에 있으면 늘 불편하고 긴장하게 된다. 언제 또 짜증을 내서 분위기를 딱딱하게 만들지 모르기 때문이다.

사람마다 짜증을 느끼고 표현하는 임계점이 다르다. 어떤 사람은 그 임계점이 낮아서 조그만 일에도 쉽게 짜증을 표출한다. 가정에서, 직장에서, 사회에서 이런 유형의 사람들을 쉽게 찾아볼 수 있고, 이러한 경향은 점점 더 심해지고 있다.

캘리포니아대학교 사회심리학과의 소냐 류보머스키(Sonja Lyubomirsky) 교수는 '행복감과 짜증감'을 주제로 51개의 관련 논문을 공동으로 조사하고 연구한 결과, 사람들이 20년 전보다

덜 행복하고 더 짜증을 느낀다는 점을 발견했다.[6]

2018년 영국의 상담심리치료협회(BACP, British Association for Counselling and Psychotherapy)는 약 1천 명의 성인을 대상으로 짜증에 관해 설문조사를 실시했다. 그 결과 응답자의 58%가 5년 전보다 더 짜증을 느끼고, 36%가 5년 전보다 더 스트레스를 받는다고 했다.[7]

'짜증 내는 사람들이 많아지는 것은 내 주위뿐만 아니라 많은 나라의 공통된 흐름이 아닐까?' 하는 생각도 든다.

## 나도 모르게 파국으로 치닫는 생각 습관

그렇다면 쉽게 짜증을 내는 사람들의 심리는 무엇일까?

첫 번째, 스트레스 대처 능력이 부족하다. 미국 마이애미대학교 심리학과의 찰스 카버(Charles Carver) 교수가 공동 연구한 결과에 따르면 스트레스를 받는 상황에서 자신감이 높은 사람들은 그렇지 않은 사람들에 비해 짜증과 화를 덜 낸다고 한다.[8] 스트레스 대처 능력이 떨어질수록 짜증, 분노와 같은 부정적 감정을 경험할 가능성이 크다는 의미다.

스트레스에 대처하는 능력이 부족한 사람은 어떤 일이 발생했을 때 어찌해야 할 줄을 몰라 허둥대면서 짜증을 낸다. 그러고는 해결책보다는 왜 그런 일이 발생했는지 원인을 찾기에 급급하다. 코로나 때문에 그렇다, 누군가 일처리를 제대로 하지 않았다, 되는 일이 없다. 나는 항상 운이 안 좋다는 등 푸념을 늘어놓는다.

미국 미주리대학교 심리학과의 펑키 헤프너(Puncky Heppner) 교수는 '문제 해결 평가와 인간 적응'이라는 주제로 공동 연구를 수행했다. 그 결과에 따르면 문제 해결 능력이 부족한 사람들은 스트레스에 더 취약하다는 점이 밝혀졌다. 그런 사람들은 스트레스 상황을 다룰 만한 능력이 떨어진다는 것이다.[9] 문제 해결 능력을 갖추고 있는 사람들은 어떤 문제가 발생해도 큰 스트레스를 받지 않는다.

두 번째, 부정적 사고 패턴을 가지고 있다. 어떤 일이든 부정적으로 생각하는 유형이다. 이들은 아무렇지 않게 생각할 수 있는 일도, 혹은 긍정적으로 생각할 수 있는 일도 부정적으로 생각하는 경향이 강하다. 부정적 사고 패턴이 무의식적으로 작동하는 것이다. 파국화(catastrophizing)와 같은 사고 흐름이 여기에 해당한다. 예를 들면 다음과 같다.

아침에 J과장에게 인사를 건넸는데 내 인사를 안 받아줬다.

→ 그는 나를 싫어한다.

→ 그는 나를 싫어하기 때문에 곧 그가 회사에서 나에 대해 안 좋은 소문을 퍼트릴 것이다.

→ 나는 그 소문 때문에 괴로워할 것이다.

→ 나는 괴로움을 못 견디고, 결국 이직할 것이다.

→ 새로운 환경에 적응하지 못한 나는 또다시 안 좋은 소문에 시달릴 것이다.

→ 나는 또다시 퇴사하고 백수가 될 것이다.

한 가지 부정적인 사건을 겪으면 부정적인 생각이 꼬리에 꼬리를 물고 이어진다. 부정적 사고 패턴이 한번 작동하면 스트레스를 받을 수밖에 없다.

## 재앙적 사고의 악순환을 끊어내는 법

심리학자이자 작가인 멜라니 그린버그(Melanie Greenberg)는 다음과 같이 말했다.

"짜증을 이겨내는 방법은

그것의 이면에 숨어 있는 자신의 재앙적 사고,

즉 부정적 신념을 확인하고,

그러한 부정적 신념에 도전하는 것이다."

재앙적 사고 습관을 멈추는 가장 좋은 방법은 그와 반대되는 사례를 일부러 떠올려보는 것이다. 예를 들어 내가 인사를 했는데 상대가 받아주지 않은 경우, 나중에 알고 보니 그가 미처 나를 보지 못했고 여전히 좋은 관계를 이어나갔던 경험을 떠올린다.

승진에서 누락되었지만 회사에 잘 다니고 있고, 어떤 일을 시작할 때는 힘들었지만 점점 익숙해져서 나중에는 인정받은 경험도 있을 것이다. 걱정했던 일이 실제로 벌어진 적도 있지만, 걱정했던 일이 벌어지지 않은 경우도 분명 있다.

그러한 일이 일어난 뒤에 항상 안 좋기만 했던 것은 아니라는 근거를 찾아보는 것이다. 재앙적 사고는 그것과 반대되는 성공적 사고로 멈출 수 있다.

문제는 짜증을 내는 상대가 나보다 약한 사람일 가능성이 크다는 것이다. 부모님, 자녀, 배우자, 친구, 부하직원, 편의점

아르바이트생, 식당 점원, 전화 상담원, 반려견, 반려묘일 수 있다. 그들은 자신에게 없어서 안 될 소중한 사람, 다른 누군가에게 소중한 가족이다. 그들은 당신의 짜증이 아니라 당신의 사랑이 필요한 존재라는 사실을 되새겨보자.

# 22
## 일단 부정부터 하는 사람의 심리

무슨 말만 했다 하면 삐딱하게 받아들이는 사람들이 있다. 한마디로 반대 의견부터 말하는 사람들이다.

"제 생각에는 좀 별로인 것 같은데요."

"그건 그렇게 하면 안 되지!"

"그게 아니고……."

사람들의 생각은 저마다 다르다. 반대 의견을 가지는 것도 자연스러운 일이다. 하지만 앞뒤 따져보지 않고 무조건 반대 의견부터 말하는 사람들이 있다. 심지어 상대의 이야기를 들어보지도 않고 '아니'라고 말한다. 이쯤 되면 내 생각을 반대하는 건지, 나라는 사람 자체를 반대하는 것인지 헷갈린다.

회의나 모임에서 상대의 의견에 찬성하고 반대하는 것은 평소 그 사람에 대한 감정이 어떤지에 따라 영향을 미칠 수 있다. 아무래도 평소 친하게 지내는 사람에게는 긍정적으로 반응하고, 싫어하는 사람이라면 어떤 의견을 내도 반대하고 싶은 마음이 든다.

## 늘 반대할 준비가 되어 있는 사람들

일단 부정부터 하는 사람들은 '자신이 틀리지 않았음'을 증명하려는 욕구가 크다. 자신이 틀릴 수도 있음을 머리로는 알고 있지만 이를 인정하고 싶지 않은 마음이 강한 것이다. 자신의 잘못을 인정하는 순간 자존심이 상하고 자신의 다른 부분까지 가치가 떨어지는 기분이 들 수 있다.

심리학에는 '역화 효과(backfire effect)'라는 개념이 있다. 우리의 믿음에 모순되는 증거와 마주쳤을 때 오히려 기존에 가지고 있던 믿음을 더욱 확고히 하는 경향이다.

그렇다면 우리는 이들을 어떻게 대해야 할까?

첫 번째, 상대의 마음을 이해한다고 표현한다. 무턱대고 반대부터 하는 사람이지만 그 마음을 이해한다고 반응하면 경계심을 누그러뜨릴 수 있다.

두 번째, 상대와 공통된 지점을 찾는다. 상대방이 동의하고 함께할 수 있는 영역을 찾아보면 상대의 방어 심리가 줄어들고 협업하고자 하는 마음이 들 것이다.

나는 아내와 의견 차이가 있을 때, 의견 차이가 없는 것부터 대화를 나누려고 한다. 그러면 아내도 나의 의견을 무조건 부정하고 반대하는 태도를 조금 누그러뜨리는 태도를 보인다. 예를 들어 다음과 같다.


남편 : 그러니까 당신도 애가 하고 싶은 걸 스스로 하게끔 도와
　　　줘야 한다는 데는 동의하잖아?
아내 : 그건 그렇지.
남편 : 그래, 그러면 거기서부터 다시 얘기해볼까?


아무리 의견 차이가 크다 할지라도 서로 생각이 일치하는 영역이 한 가지는 있을 것이다. 거기서부터 다시 이야기를 나눠본다. 물론 돌아가는 만큼 시간이 걸리고 노력도 많이 필요하

겠지만 결과적으로는 의견 차이를 줄여나갈 수 있다.

《새장에 갇힌 새가 왜 노래하는지 나는 아네(I Know Why the Caged Bird Sings)》를 쓴 미국의 작가 마야 안젤루(Maya Angelou)는 다음과 같이 말했다.

"사람들은 당신이 한 말을 잊어버릴 것이고,
당신이 한 행동을 잊어버릴 것이다.
하지만 당신 때문에 느낀 감정은
절대 잊지 않을 것이다."

나의 어떤 말이나 행동이 누군가에게 어떤 감정을 불러일으키는지가 중요하다. 상대의 말과 행동에서 느낀 감정은 더 오래 기억에 남아 사람들과의 관계에 깊은 영향을 미친다.

# 23
## 오프라인으로 만나면 더 친해질까?

기나긴 코로나 팬데믹이 끝나고 우리는 예전의 일상으로 서서히 돌아왔다. 코로나가 일으킨 가장 큰 사회적 변화는 바로 비대면이다. 대면 활동에만 익숙했던 사람들은 반강제적으로 비대면을 받아들여야 했다. 하지만 여전히 비대면에 익숙하지 않은 사람들이 있다.

용건만 있으면 무조건 만나서 얘기하자는 사람, 일만 있으면 찾아오는 사람, 얼굴을 보고 얘기해야 편하다고 하는 사람들이다. 대면 커뮤니케이션을 선호하는 사람들은 어떤 특징을 가지고 있으며, 심리적 이유는 무엇일까?

캘리포니아대학교 심리학과 하워드 프리드먼(Howard Friedman) 교수는 성인을 대상으로 '개인차와 거짓말의 단서'라는 주제로 공동 연구를 진행했다. 그 결과 대면을 선호하는 사람은 비대면을 선호하는 사람보다 외향성, 사회성, 정서 표현의 수준이 더 높은 경향이 있었다.[10]

대면을 선호하는 사람은 비대면을 선호하는 사람보다 다른 사람들과 상호작용하는 것을 더 즐기고, 더 쉽게 연결될 수 있으며, 자신의 감정을 더 잘 표현한다고 한다.

이러한 사람들은 자신의 감정, 생각, 경험 등을 타인과 나누는 것에 주저함이 없다. 대면을 통한 감정 교류에 남다른 의미를 가지는 사람들이다.


## 오른손잡이와 왼손잡이의 차이일 뿐


그럼 비대면을 선호하는 사람들은 내향적이고 사회성이 낮고, 감정 표현을 잘하지 못하는가? 그렇지는 않다. 비대면을 선호하는 사람 중에도 외향성, 사회성, 정서 표현이 강한 사람들이 있다.

내 경우 대면으로 심리상담을 할 때 좀 더 집중력이 발휘된다. 강의도 온라인보다 오프라인에서 상호작용이 더 잘된다. 대면 상황에서는 내가 청중과 눈을 맞출 수도 있고 세세한 부분까지 관찰하고 반응할 수 있기 때문이다.

그렇다면 비대면을 선호하는 사람은 어떤 특징이 있을까?

첫 번째, 수줍은 성격의 소유자들이 많다. 네덜란드 암스테르담대학교 커뮤니케이션학과의 파티 발켄부르크(Patti Valkenburg) 교수가 공동 연구한 결과에 따르면, 수줍음 정도와 사회적 불안 수준이 높다고 응답한 학생들은 비대면 방식을 선호하는 경향을 보였다.[11] 비대면 상황에서는 생각할 시간을 충분히 가질 수 있고 즉각적으로 의사소통을 해야 한다는 부담이 적기 때문이다.

두 번째, 사회적 불안감이 높은 사람들이 많다. 이들은 사람들을 직접 만날 때 불편함을 느낀다. 그래서 문자나 이메일을 하면 훨씬 쉽게 의사소통을 한다. 사회적 불안감이 높은 사람은 여러 사람들 앞에서 말하는 것을 어렵게 느낄 수 있다. 반면 화상 수업이나 모바일 메신저처럼 글로 의사소통을 할 때는 오히려 더욱 편하게 자신의 감정과 생각을 표현할 수도 있다.

# 대면, 비대면을 오른발, 왼발처럼 사용하기

대면 방식과 비대면 방식 중 어떤 것이 더 나을까? 당연히 정답은 없다. 사람의 성향에 따라서, 또는 상황에 따라서 선호하는 방식이 다를 수 있다. 오늘날과 같이 비대면이 일반적인 시대에는 대면과 비대면을 적절하게 오가는 유연성이 필요하다.

"효과적인 의사소통은 단지 말하고 듣는 것이 아니다.
당신의 의사소통 방식을 각기 다른 상황에 맞추는 것이다."

미국의 구직 웹사이트 커리어빌더(CareerBuilder) 홈페이지에 나와 있는 말이다.

자신은 대면 방식을 선호하지만 상대가 원한다면 비대면으로 소통하는 배려가 필요하다. 자신은 비대면을 원하지만 현장의 분위기와 비언어적 의사소통 경험(표정, 목소리, 몸짓 등)을 늘려가고 싶다면 대면 소통 방식에 좀 더 많은 도전을 해볼 수도 있다.

회사, 학교, 모임 같은 일상에서 대면과 비대면을 자유자재로 오갈 수 있는 사람들은 오른발과 왼발을 자유자재로 사용할 줄 아는 축구선수와 같다.

세계적인 축구선수 손흥민은 처음부터 양발잡이가 아니었다. 그의 아버지가 어릴 때부터 왼발에 익숙해지도록 훈련한 결과이다. 양말을 신을 때도 왼발부터, 바지를 입을 때도 왼발부터, 운동화 끈을 묶을 때도 왼쪽부터, 경기장에 들어설 때도 왼발부터 들여놓도록 지도했다.

수술할 때 왼손의 움직임을 강화하기 위해 외과 전문의들은 평소 의도적으로 왼손 사용량을 늘린다고 한다. 예를 들어 칫솔질이나 젓가락질을 왼손으로 하고, 물건을 왼손으로 들어 올리는 것들이다. 이를 '교차 훈련법(cross training)'이라고 한다. 한 가지 운동이나 활동만을 중점적으로 하는 것이 아니라 다양한 운동이나 활동을 조합하여 다양한 근육과 운동 능력을 개발하는 훈련 방법이다. 잘 사용하지 않는 부위를 계속 쓰다 보면 점점 더 익숙해진다.

우리의 소통 방식도 마찬가지다. 만나서 얘기하는 것을 선호하는 사람은 가끔 전화나 문자로, 전화나 문자로 얘기하는 것을 선호하는 사람은 가끔 직접 만남으로써 자신이 취약한 소통 방식에 적응해나갈 필요가 있다.

# 24
## '괜찮다'고 하는데
## 괜찮지 않아 보이는 사람

속 깊은 대화를 유난히 꺼리는 사람들이 있다. 고민이 있어 보여서 "무슨 일 있어?"라고 물어봐도 "아냐, 아무 일 없어. 괜찮아"라고 대답한다. 좀 진지한 얘기를 나눠보고 싶어도 항상 농담처럼 받아들이며 좀처럼 속내를 드러내지 않는 사람들이 있다.

캐나다 토론토대학교 심리학과의 브렛 포드(Brett Ford) 교수는 공동 연구를 진행한 결과, 어떤 사람들은 자신의 불편한 감정이나 스트레스에 대해 다른 사람들에게 표현하는 것을 꺼리는 경향이 있다고 보고했다.[12]

자신의 부정적인 감정을 타인에게 표현하는 것을 왜 주저할까? 아마도 자신이 스트레스를 받는다는 것 자체를 남에게 보여주기 싫은 약점으로 여기기 때문이다. 또는 자신이 부정적인 이야기를 하면 상대가 부담스러워할까 봐 조심스러울 수도 있다.

나 역시 솔직한 마음을 친한 친구에게도 털어놓기가 불편하다. 내 문제는 어차피 내가 해결해야 하고, 상대에게 이야기해봤자 도움이 안 될 거라고 생각한다. 오히려 나의 고민거리를 상대가 공감할 수 있도록 이해시키는 과정이 더 번거롭다.

그런 내가 역설적으로 다른 사람들의 고민을 들어주는 심리 상담을 하고 있다. 나는 상대의 얘기를 듣고 공감해주고 스스로 해결책을 찾도록 돕는 것, 그 일 자체가 재미있고 보람을 느낀다.

## 내 이야기를 하고 싶지 않은 심리

속 깊은 이야기나 고민을 좀처럼 드러내지 않는 심리는 어디서 오는 것일까?

첫 번째, 자신의 고민을 얘기해봤자 해결하는 데는 도움되지 않기 때문이다. 나의 경우가 여기에 해당한다. 내 문제는 내가 가장 잘 해결한다고 믿는다. 다른 사람에게 효과적인 도움을 받을 수 있다는 기대를 하지 않기 때문에 속마음을 털어놓지 않는다.

두 번째, 고민을 얘기하면 자신이 나약해 보일 수 있다고 생각하기 때문이다. 이들은 자신의 문제를 상대가 듣고 판단하는 것에 두려움을 느낀다. 자칫 상대가 자신을 무능력하다고 평가할 수 있다고 생각하는 것이다.

이러한 경향은 여성보다 남성에게서 더 잘 나타난다. 남성은 전통적인 관점에서 강인하고 상처를 잘 받지 않는 존재로 인식되기 때문이다. 미국 워포드칼리지(Wofford College) 심리학과의 마크 애디스(Mark Addis) 교수는 공동 연구를 통해 전통적인 성 역할이 있는 문화에서는 남성들이 속 깊은 얘기를 덜 하거나 도움을 청하는 것을 어려워하는 경향이 있다고 밝혔다.[13]

세 번째, 과거의 상처가 영향을 미쳤기 때문이다. 어떤 사람들은 과거에 겪은 배신이나 트라우마 때문에 다른 사람을 신뢰하지 않는다. 누군가에게 속 깊은 이야기를 털어놓았다가 되레 상처를 입은 경험이 있는 것이다.

네 번째, 감정 표현 자체를 어려워하는 사람이다. 이들은 다른 사람들과 자신의 감정을 나누는 것 자체를 불편하게 느낀다.

## 속 깊은 이야기를 하는 소중한 시간

사람들은 다양한 이유로 속 깊은 얘기나 고민을 말하는 것을 주저한다. 마음속 깊은 이야기를 억지로 꺼낼 수는 없다. 하지만 속마음을 조금이라도 표현하면 당장 문제가 해결되지 않더라도 부정적인 감정이 어느 정도 해소될 수 있다.

속 깊은 얘기를 털어놓았을 때 어떤 점이 좋은지 알아보자.

첫 번째, 문제 해결에 실제로 도움될 수 있다. 상대에게 고민거리를 이야기하다가 스스로 생각이나 마음이 정리되면서 뜻하지 않게 좋은 해결 방법이 떠오를 때가 있다. 다른 사람에게 이야기하는 과정에서 문제를 새로운 관점으로 다시 볼 수 있기 때문이다. 그리고 더 폭넓은 생각과 통찰력을 얻을 수 있다.

두 번째, 긍정적인 방향으로 감정 조절을 할 수 있다. 감정을 다른 사람들과 공유하는 것은 감정을 더욱 효과적으로 처리하고 조절하는 데 분명 도움된다. 미국의 작가, 셰릴 스트레이드(Cheryl Strayed)는 베스트셀러 《안녕, 누구나의 인생(Tiny Beautiful Things)》에서 다음과 같이 말했다.

"누군가와 개인적인 이야기를 나누는 것은

치료와 성장을 위한 강력한 도구가 될 수 있다."

　내 이야기에 대해 상대의 의견을 들음으로써 자신의 감정을 더 객관적으로 파악할 수 있기 때문이다.

　세 번째, 인간관계에 도움이 된다. 개인적인 이야기를 나누다 보면 자연스럽게 신뢰와 친밀감이 쌓인다. 겉으로는 아무 문제 없어 보이는 사람이 고민거리를 털어놓으면 더욱 인간적인 매력을 느끼는 것과 같다.

　'자기노출 이론(self-disclosure theory)'에 따르면, 우리는 관계를 형성하고 유지하기 위해 자기 이야기를 하는 경향이 있다. '무슨 고민 있냐?'고 물어보며 먼저 다가오는 사람은 나와 좀 더 돈독한 관계를 맺고 싶은지도 모른다.

# 25
# 뒷담화는 왜 흥미진진할까?

미국 조지타운대학교 조직행동학과의 크리스틴 피어슨(Christine Pearson) 교수가 직장인을 대상으로 '험담'에 대해 공동 연구한 결과, 98% 이상이 직장에서 험담이나 부적절한 행동을 목격하거나 경험한 적이 있다고 응답했다.[14]

얼마나 많은 직장인이 험담으로 인해 마음고생을 하고 있는지 알 수 있는 연구 결과이다. 누군가에 대한 험담을 들을 때도 있고 내가 험담의 대상이 되기도 한다.

남의 험담을 들을 때 처음에는 재미있고 흥미롭다. 하지만 험담을 습관처럼 하는 사람의 이야기를 듣다 보면 '이 사람은 내가 없는 자리에서는 내 뒷말을 하는 것이 아닐까?' 하는 생각이 든다.

## 험담을 나누는 사람들끼리 친밀감을 느낀다

뒷말을 습관적으로 하는 심리는 무엇일까?

첫 번째, 타인을 깎아내리면서 나 자신에 대해 우월감을 느끼려는 것이다. 다른 사람의 결점이나 실수를 지적함으로써 자신은 상대보다 더 유능하다는 것을 확인하려는 욕구이다.

'사회적 비교 이론(social comparison theory)'에 따르면, 우리는 자신의 능력을 다른 사람들과 비교해서 평가하는 경향이 있다. 반대로 우리가 열등감을 느낄 때 남을 험담하거나 비판함으로써 자존감을 회복한다.

두 번째, 질투심 때문이다. 자신에게 없는 것을 다른 사람이 갖고 있다면 무엇이든 폄하하고 싶은 마음이 든다. 네덜란드 틸버그대학교 심리학과의 니코 반 데 벤(Nico van de Ven) 교수는 공동 연구를 진행한 결과, 악의적 시기심을 느낀 사람들은 다른 사람의 성공에 부정적인 태도를 보이며, 심한 경우 그 사람을 해칠 가능성이 더 크다고 한다.[15]

세 번째, 사회적 유대감을 형성하기 위해서이다. 누군가에 대한 험담을 나누면서 서로 같은 생각을 하고 있고, 때로는 한편이 되었다는 기분을 느낄 수 있다.

험담을 함께 나눈 사람들과는 좀 더 친밀함을 느끼기도 한다. 아마도 좋지 않은 얘기를 공유하고 다른 사람들에게 알려지지 않도록 서로 조심해야겠다는 생각이 연대감을 만드는지도 모른다. 일종의 연합 또는 제휴하는 행동이라고 할 수 있다. 그리고 타인과 비밀을 만들고 무리를 만들고 힘을 합치는 행위는 사회 속에서 살아가며 경험하는 기본적 욕구 중 하나이다.

중국 난징대학교 심리학과의 전후이 우(Junhui Wu) 박사는 공동 연구를 진행한 결과, 험담은 사회적 결속력을 다지고 자신이 속한 그룹에 대한 충성심을 증명하는 방법이 될 수 있다고 한다.

특히 험담하는 대상에 대해 부정적인 의견이나 소문을 나눌 때 결속력이 더 강화된다는 것이다. 이것은 험담이 사회적 규범을 유지하고, 다른 사람의 행동을 통제하는 데 사용될 수 있기 때문이다.[16]


## 험담은 부메랑으로 돌아온다

그러나 타인을 험담하는 것은 분명 올바르지 않은 행동이다. 험담을 습관적으로 즐기는 사람들과 대화를 나눌 때는 어떻게 해야 할까?

첫 번째, 자연스럽게 대화의 주제를 바꿔본다. 남을 험담하는 대화가 아닌 날씨, 월급, 휴가, 업무, 경제, 사회적 이슈 등 가벼운 주제로 바꿔보는 것이다. 갑자기 주제를 전환하는 것이 아니라 물 흐르듯 자연스럽게 다른 이야기를 꺼낸다.

"아, 그렇군요. 그런데 오늘 회의가 몇 시에 있는지 혹시 아세요?"

"아, 그렇구나. 근데 이번 연휴 때 뭐 특별한 계획 있어요?"

"이번 세계 잼버리 대회는 날씨 때문에 제대로 진행이 안 된 것 같아요."

두 번째, 험담을 듣고 있기가 불편하다는 감정을 솔직히 표현한다.

"죄송하지만 당사자가 없는 자리에서 그 사람에 대해 안 좋게 말하는 것을 듣고 있기가 조금 불편하네요."

"미안한데, 그 사람이랑 친해서 내 입장이 좀 곤란해."

큰 용기가 필요할 수 있지만 가장 확실한 방법이다. 물론 누가 봐도 옳지 못한 행동을 한 사람에 대해서는 한마디 할 수 있다. 험담이라기보다 잘못된 점을 이야기하면서 답답한 마음을 해소하는 것이다.

"위대한 마음은 생각을 토의하고,
 평범한 마음은 사건을 토의하며,
 작은 마음은 사람들을 토의한다."

미국의 전(前) 대통령 프랭클린 루스벨트의 말이다. 타인에 대해 이러쿵저러쿵 말하는 것이 가장 수준 낮은 대화라고 꼬집은 것이다.

# 26
# 날씨가 좋은 데도 이유가 있어야 하나?

상대가 이야기를 꺼내면 공감하기보다 이유부터 설명하는 사람이 있다.

A : 요즘 날씨가 많이 따뜻해졌네.

B : 왜 그런 줄 알아? 차가운 북태평양 고기압이 북상하면서…….

남편 : 요즘 기운이 없고 좀 우울하네.

아내 : 만날 술 마시고 밤늦게 자니까 그렇지.

조 대리 : 요즘 금리가 많이 올라서 힘드네요.

박 부장 : 금리가 왜 올랐냐면 말이야, 미국 연방준비제도, 그러

니까 연준에서 금리를 인상했기 때문이야.

상대는 이유를 알고 싶어서 이야기를 꺼낸 것이 아니다. 단지 마음을 표현하고 위로와 공감을 받고 싶을 뿐이다. 이유를 설명한다고 해서 딱히 해결책을 제시하는 것도 아니다. 그저 자신이 알고 있는 지식을 풀어놓는 것에 지나지 않는다.

## 설명은 필요 없어, 위로받고 싶을 뿐

말을 걸자마자 설명부터 하려 드는 심리는 무엇일까?

첫 번째, 평소에 자기 생각이 맞다고 생각하는 경향이 강하고, 자신이 알고 있는 것을 상대방은 모를 것이라고 생각한다. 이들은 자신이 알고 있는 것이 틀릴 수도 있다는 생각은 하지 않는다. 다른 사람들의 피드백이나 의견을 잘 수용하지 않는 경향을 보이기도 한다.

심리학에서 말하는 '자기검증 이론(self-validation theory)'은 자신에 대해 가지고 있는 이미지 그대로 타인도 바라봐 주기를 바라는 욕구를 설명한다. '나는 아는 것도 많고 똑똑하고 지적인 사람이야'라는 자아상을 가지고 있다면, 타인에게도 그런 모습으로 비쳐지기를 기대하면서 확인하는 방식으로 말하고 행동한다. 상대는 가볍게 꺼낸 이야기도 이유를 설명함으로써 '나는 역시 유식한 사람, 아는 것이 많은 사람'이라는 이미지를 유지하는 것이다.

두 번째, 비판이나 거절당하는 상황을 피하고 싶은 욕구가 크기 때문이다. 어느 날 일곱 살짜리 딸아이가 "친구한테 전화해서 같이 놀자고 할 거야"라고 말했다. 나는 그 말을 듣자마자 이렇게 말했다.

"안 돼. 왜냐하면 친구가 우리 집에 와도 너는 따로 놀면서 텔레비전만 볼 거잖아. 그럴 바에는 친구를 안 부르는 게 나아."

딸아이가 물어보기도 전에 안 되는 이유부터 설명한 것은, 내가 원하는 대로 상황을 이끌어가기 위해서이다.

세 번째, 상황에 대한 통제 욕구가 높기 때문이다. 주위에서 일어나는 일들을 통제하기 위해서는, 왜 그런 일이 일어났는지를 설명할 수 있어야 한다. 그래야 앞으로 어떤 일이 일어날지 어느 정도 예측할 수 있고, 상황을 통제할 수 있다는 믿음을 지킬 수 있다. 그리고 설명하면 미래의 불확실성에 대한 불안감을 조금이나마 줄일 수 있다.

그렇다면 무턱대고 설명부터 하는 사람들을 어떻게 대해야 할까? 가장 좋은 방법은 솔직하게 말하는 것이다.

"날씨에 대해 잘 아시는군요. 근데 저는 그냥 날씨가 좋다는 말을 하고 싶었을 뿐이에요."

"그냥 요즘 내 기분이 그렇다는 말이야."

"금리가 왜 올라가는지는 저도 알아요. 그냥 요즘 상황이 좀 그렇다는 거예요."

이때 웃음을 머금고 이야기하는 것도 중요한 포인트이다. 하고 싶은 말을 하더라도 웃으면서 하면 불필요한 갈등으로 번지지 않는다.

이렇게 말하면 상대방이 처음에는 당황할 수 있겠지만, 몇 번 반복하다 보면 '나의 설명이 다른 사람에게는 불필요할 수도 있겠구나' 하는 생각을 하게 된다.

바쁜 업무로 직장 동료와
소원해졌다고 느낄 때
달달한 마카롱 하나를
그의 책상 위에 올려두는 것은 어떨까?
"힘내요"라는 메모와 함께 말이다.
그러한 작은 호의는
어떤 형태로든 반드시 돌아온다.

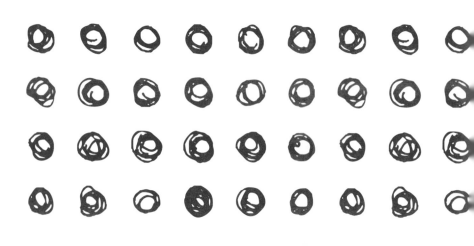

PART

04

마음에 진심을
하나 더 얹는 말 한마디

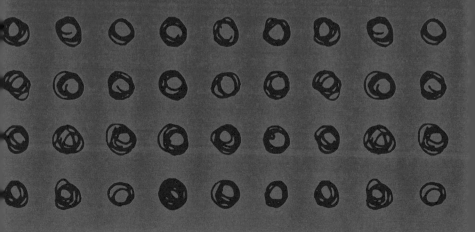

# 27
## '밥 한번 먹자'(언제가 될지 모르지만)

헤어질 때, 또는 누군가 우연히 만났을 때 "언제 밥 한번 먹자"라고 말하는 사람들이 있다. 물론 진짜 함께 식사를 하고 싶을 수도 있지만, 보통은 인사치레로 하는 말이기 쉽다.

이렇게 인사를 대신하는 말이 다른 나라에도 있다. 영어권 국가에서는 "Let's do lunch sometime(언제 점심 한번 먹죠)", 라틴어권 국가에서는 "Vamos a salir(함께 가시죠)", 중국에서는 "好吃一饭(함께 식사 한번 하시죠)"라고 말한다.

그렇다면 이런 말을 하는 속마음은 뭘까?

상대방과 친해지고 싶지만, 너무 앞서 나가는 것을 스스로 경계하는 무의식적인 통제가 작동하는 것일 수 있다. 누군가에게 심리적 거리를 좁히며 좀 더 다가가고 싶은 마음과 상대방이 부담을 느낄까 봐 조심스러운 마음이 동시에 작용해서 "언제 밥 한번 먹자"는 애매한 표현이 나온다. 아무런 말도 하지 않으면서 상대방에 대해 호감을 표현할 수도 없고, 그 자리에서 함께 식사할 날짜와 시간을 정하려 든다면 상대방이 부담을 느낄 수 있기 때문이다. 상대에게 부담을 주지 않는 범위 내에서 친밀함을 표현하는 것이다.

## 상대의 대답에 따라 달라지는 의미

영어에는 '물 테스트(testing the waters)'라는 말이 있다. 어떤 일을 하기 전에 상황을 살펴보고 위험을 줄이려는 시도를 의미한다. 예를 들어 새로운 사업을 시작하려는 사람은 시장조사를 통해 고객의 수요를 파악하고 경쟁업체를 분석하면 위험을 줄이고 성공 가능성을 높일 수 있다.

이러한 방식은 대인관계에도 활용될 수 있다. 어떤 사람과 관계를 맺기 전에 그 사람의 반응을 살펴보는 방법이다.

예를 들어 "언제 식사 한번 하시죠?"라고 물었는데 상대방이, "올해 말까지는 해외에 머물게 되어서 좀 어려울 것 같습니다. 내년 초에 한번 뵙죠"라고 한다면 당신은 2가지 정보를 얻을 수 있다. 상대방이 올해 말까지는 해외에 있다는 것과, 상대방도 나와 식사할 의향이 있다는 것이다.

이러한 제안은 자신의 마음을 표현하고 상대방의 마음과 정보를 파악하는 데 도움이 된다. 거절의 위험 없이 상대의 마음에 다가갈 수 있다.

그런데 이러한 제안을 했을 때 예상과 달리 상대가 적극적으로 받아들이는 경우에는 어떻게 해야 할까?

"그럼 언제쯤 식사를 같이 하실 생각이세요? 제가 다음 주는 출장을 가야 해서요."
"제가 요즘 다이어트 중이라서요."

배우 임시완은 예능 프로그램에 출연해서 이런 말을 한 적이 있다.

"누가 밥 한번 먹자, 집에 한번 놀러 오라고 말하면 반드시 실행하는 경향이 있어요."

이러한 성향을 가진 사람들은 대체로 성실하다. 미국 일리노이대학교 어버너–섐페인 심리학과의 브렌트 로버츠(Brent Roberts) 교수는 '성실함'을 주제로 공동 연구를 수행했다. 그 결과에 따르면 성실한 사람은 상대가 제안했을 때 구체적으로 약속을 정하는 경향이 있다고 한다.[1] 인사치레로 "언제 밥 한번 먹자"는 말을 건네면 그 자리에서 바로 약속 날짜와 시간을 정하려고 하는 것이다.

## 좀 더 가까워지고 싶다는 은근한 표현

누군가 당신에게 "언제 같이 식사하시죠"라고 말한다면 당신과 좀 더 친밀하게 지내고 싶어 한다고 생각해도 좋다. 당신도 그 사람과 좀 더 친밀한 관계를 형성하고 싶은 마음이 있다면 먼저 연락해도 좋을 것이다.

영국 옥스퍼드대학교 인류학과의 로빈 던바(Robin Dunbar) 교수는 함께 식사하는 것은 유대감과 인간관계를 증진하고 강화한다고 주장했다. 또한 감정적 지지와 우정을 촉진하며, 스트레스 감소와 심리적 안정감에도 도움이 된다는 것을 발견했다.[2]

우리는 함께 식사하는 것만으로 인간관계의 측면에서 많은 것을 얻을 수 있을 뿐만 아니라 심리적 건강에도 도움이 된다. 좀 더 친하게 지내고 싶은 사람, 조금 더 가까워지고 싶은 사람, 계속 인연을 맺고 싶은 사람에게 함께 식사하자고 제안해보는 것은 어떨까?

"제대로 먹지 못하면

제대로 생각할 수도 없고,

제대로 사랑할 수도 없으며,

제대로 잠도 잘 수 없다."

영국의 작가 버지니아 울프의 말이다. 먹는다는 것은 우리의 생활 전반을 지배할 만큼 삶의 중요한 요소이다. 그녀의 말을 인용하며, 친해지고 싶은 누군가에게 함께 식사하자고 말해보는 것은 어떨까?

"혹시 그거 아세요? 버지니아 울프는, 제대로 먹지 않으면, 제대로 생각도 못 하고, 사랑도 못 하고, 잠도 못 잔다고 말했다네요. 언제 저랑 식사하실래요?"

이때 너무 구체적이지 않고 조금 모호하게 말해야 상대방도 크게 부담을 느끼지 않는다. 헤어지고 난 다음에 메시지로 좀 더 구체적인 일정을 잡으면 상대방도 흔쾌히 받아들일 가능성이 크다.

# 28
## '즐거운' 것과 '즐거운 것 같은' 것의 차이

얼마 전 한 영화 관람객이 새로 개봉한 영화를 보고 나와 극장 앞에서 인터뷰하는 장면을 본 적이 있다.

기자 : 영화 어떠셨나요?

관객 : 좋아하는 배우도 많이 나오고, 스토리도 괜찮은 것 같아서 즐거웠던 것 같아요. 재밌었어요.

그 인터뷰를 보면서 좀 답답하다는 생각이 들었다. 즐거우면 즐겁고, 재밌으면 재밌는 것이지, 즐거운 것 같고 재밌는 것 같은 것은 또 뭐란 말인가? 왜 자신이 느낀 감정을 당당하게 말하지 못할까?

그런데 나를 포함해 많은 사람들이 일상에서 '~같아요'라는 표현을 종종 사용한다.

"기대하지 않았는데 이렇게 좋은 결과가 나와서 기쁜 것 같습니다."

"생각했던 대로 일이 진행되지 않아서 좀 힘든 면이 있는 것 같습니다."

"비록 예선을 통과하지는 못했지만, 이번 무대에서 춤추고 노래하는 모습을 보여드릴 수 있어서 좋았던 것 같습니다."

## 불확실한 내 마음을 추측하는 심리

자신이 분명 느낀 감정을 추측이나 불확실한 단정을 의미하는 '~같다'라고 표현하는 심리의 정체는 무엇일까?

첫 번째, 감정의 불확실성 때문이다. 자신이 느끼는 감정이 어떤 것인지 확신하지 못하는 것이다. 때로는 자신의 감정을 명확하게 표현하기 어려울 때가 있다. 한마디로 표현하기 힘든 복잡한 감정이거나, 느낌을 명확하게 전달할 단어를 찾지 못할 수도 있다.

　친한 친구가 결혼한다고 하니 축하해주고 싶지만 왠지 친구를 다른 사람에게 뺏기는 것 같아 섭섭한 마음이 들 때, 그토록 그만두고 싶었던 직장을 때려치우니 마음이 홀가분한 한편으로는 미래가 불안하고 걱정될 때, 지금 만나고 있는 연인과 헤어져야겠다고 마음먹었지만 마음 한편에 아쉬움이 남아 막상 헤어지자고 말하지 못할 때가 있다. 이런 혼란스럽고 불확실한 감정을 경험할 때 '~인 것 같다'라고 표현한다.

　두 번째, 자신의 감정을 좀 더 부드럽게 표현하기 위해서다. 혹시 모를 갈등을 피하려고 상대방에게 '~한 감정인 것 같다'라고 말한다. 조금 더 부드럽고 유연하게 들리기 때문에 상대방은 거부감이나 저항감 없이 좀 더 편안하게 받아들인다. 상대방과 관계를 유지하면서 자신의 감정을 안전하게 전달할 수 있다.

　예를 들어 직장 동료에게 부탁한 일이 있는데, 마감기한은 다가오고 일 처리 속도가 너무 느리다고 하자. 답답한 상황에서 자신의 감정을 다음과 같이 표현한다.


　"이 대리, 내가 부탁했던 프로젝트 마감이 다음 주 수요일인데 말이야. 자료는 언제쯤 될 수 있을까? 내가 느끼기에 진행이 좀 더딘 것 같아서 말이야."

스탠퍼드대학교 심리학과의 제임스 그로스(James Gross) 교수는 '감정을 통제하는 방법'에 관한 주제로 공동 연구를 수행했다. 연구 결과에 따르면 "감정을 소극적으로 표현하는 사람들은 다른 사람의 비난, 비판, 혹은 부정적인 평가를 피하고자 하는 경향이 있다"고 한다.³ 타인과 의사소통을 하는 과정에서 감정을 과도하게 표현하거나 긍정적이지 않은 감정을 표출하는 것이 부담되는 상황에서는 자신의 감정을 소극적으로 표현한다는 의미다.

## 내 감정의 주인은 '나'

하지만 자신의 느낌을 당당하고 확실하게 말하는 습관을 들일 필요가 있다. 남이 아닌 자신이 느낀 감정이기 때문이다. 자신의 감정과 느낌을 명확하게 표현하지 못하면 자신감이 부족하고 신뢰감이 떨어진다는 인상을 줄 수도 있다. 더구나 듣는 사람의 입장에서는 답답한 느낌이 들기도 한다. 반대로 자신의 감정과 느낌을 당당하고 명확하게 말하는 사람은 상대에게 자신감과 신뢰감을 줄 수 있다.

캘리포니아대학교 심리학과의 로버트 레븐슨(Robert Levenson) 교수는 '감정의 표현'이라는 주제로 공동 연구를 수행한 결과, "감정을 솔직하고 당당하게 표현할수록 상대의 이해와 신뢰를 얻는다"라고 주장했다.[4]

자신의 감정이 아닌 생각이나 의견을 상대방에게 전달하고 싶을 때는 '~같다'는 표현을 쓰는 것도 좋다.

"A안보다 B안을 선택하는 게 더 나을 것 같아요."

"이제 어느 정도 마무리되었으니 잠시 쉬었다 하는 것도 좋을 것 같습니다."

"본인이 반성하고 있으니 한 번 더 기회를 주는 것도 좋을 것 같아요."

단호하지 않고 넌지시 말하는 느낌을 주어서 상대는 자신과 의견이 다르더라도 거부감이 덜할 수 있다. 하지만 이러한 경우가 아니라면 자신의 감정과 느낌을 자신 있고 당당하게 말하는 습관을 길러보자. 내 감정의 주인은 나이다.

# 29
# 상대의 말을 귓등으로 듣는 마음의 정체

"상대방이 당신의 말에 주의를 기울이게 하고 싶다면
그만큼 듣는 데 시간을 들여야 한다."

미국의 시인 마지 피어시(Marge Piercy)가 경청의 중요성을 강조한 말이다.

상대의 말을 건성건성 대충 듣는 사람들이 있다. "알았어, 알았어"라고 반응하지만, '정말 알아들은 걸까?' 하는 의구심이 든다. 그렇다고 정말 알아들었는지 확인할 수도 없는 노릇이다.

귀담아듣지 않고 들은 체 만 체하는 것을 '귓등으로 듣는다', '귓등으로도 안 듣는다', '귓등으로 흘리다'라고 표현한다. 귓등은 귀의 겉부분, 즉 외이 부분이다. 외이는 소리를 모으는 역할만 한다. 실제로 소리를 듣고 인지하는 역할은 귀의 중이와 내이 부분이 담당한다. 그러므로 '귓등으로 듣는다'는 말은 소리를 모으기까지만 하고 튕겨내는 것과 마찬가지다.

〈하버드 비즈니스 리뷰(Havard Business Review)〉에 실린 연구 결과에 따르면 대부분의 사람들은 일반적인 대화를 할 때 듣는 것의 25~50%만 기억할 수 있다고 한다.[5]

미국 코네티컷대학교 비즈니스스쿨 심리학과의 S. 미스라(S. Misra) 교수는 공동 연구 결과, 휴대폰을 사용할 때 사람들은 대화에 덜 집중하고, 상호작용의 질이 떨어지며, 공감과 신뢰 수준이 낮아질 수 있다고 경고했다.[6]

## 듣고 싶지 않거나, 정말 안 들리거나

상대의 말을 귀담아듣지 않고 듣는 둥 마는 둥 하는 이유가 무엇일까?

첫 번째, 듣고 싶지 않은 말이기 때문이다. 자신의 평소 신념과 다른 얘기는 당연히 건성으로 듣게 된다. 예를 들어 우리 애들도 남들만큼 학원을 많이 보내야 한다는 아내의 말, 일찍 일어나서 공부하면 집중이 더 잘된다는 엄마의 말, 일은 정확성보다 신속함이 더 중요하다는 상사의 말, 정기적인 회식은 팀의 단합을 위해 꼭 필요하다는 팀장님의 말 등 평소에 듣기 싫은 말은 흘려듣기 쉽다.

서던캘리포니아대학교 심리학과의 조너스 캐플런(Jonas Kaplan) 교수는 공동 연구 결과, 평소 우리의 생각과 일치하는 정보는 더 잘 받아들이고, 그렇지 않은 정보는 잘 받아들이지 않는 경향이 있다고 한다.[7] 우리가 평소 생각과 다른 정보를 접할 때 주의를 덜 기울인다는 것이다.

두 번째, 피하고 싶은 상황이거나 다른 것에 집중하고 있을 때이다. 우선 싫어하는 사람이 하는 말은 잘 안 듣게 된다. 그리고 상대의 말에 집중하기 어려운 상황일 수도 있다. 드라마를 보고 있는데 아내가 배우의 대사나 행동에 대해 이러쿵저러쿵 자신의 생각을 덧붙여 말할 때가 있다. 하지만 나는 드라마에 집중하느라 전혀 듣지 못한다. 그러고는 아내가 그만 말하기를 바라면서 건성으로 '응, 응' 하고 대답한다.

이런 상황은 일상에서 얼마든지 일어난다. 예를 들어 남편이 잉글랜드 프리미어 리그 손흥민 선수의 경기를 보고 있을 때

아내가 다음 달 여행지로 어디를 가자고 한다면 남편은 거의 귀담아듣지 않을 것이다. 당장 처리해야 할 업무가 산더미인 상황에서 드라마 속 배우가 신고 나온 구두 이야기를 한들 새겨듣기가 쉽지 않다.

## 듣기 싫은 이야기는 화제를 전환하라

상대의 말을 제대로 듣지 않으면 나중에 큰 낭패를 볼 수 있다. 어떤 일을 계획할 때 상대는 알아들었다고 여겨서 일을 진행하는데, 나는 정작 모르고 있는 것이다. "그때 말했잖아"라고 한들 이미 늦다.

아내의 말을 귓등으로 들었다가 가족 여행 일정에 차질이 생길 수도 있다. 회사에서 정신없는 상황에서 대충 "네네, 알겠습니다"라고 했다가 나중에 동료에게 불편을 끼칠 수도 있다. 나 혼자만의 피해로 끝나는 게 아니라 타인에게까지 피해를 미친다면 상황은 더 심각해진다.

평소 신념과 다른 얘기, 듣기 거북한 얘기가 나올 때는 건성으로 들으면서 성의 없이 반응하는 것이 아니라 은근슬쩍 대화 주제를 바꿔본다. 예를 들어 서로 의견 차이가 심한 주제 중 하나가 정치다. 상대가 나의 정치 신념과 다른 얘기를 할 때 거북함과 불편함을 느낄 수 있다. 부부 사이에도, 부모 자식 간에도, 친구와 동료 사이에도, 친척 간에도 정치관은 많이 다를 수 있다. 특히 명절에 가족이 모인 자리에서 정치 얘기가 나오면 슬며시 대화 주제를 바꾼다.

"그러게요. 그 정당에서 그런 일이 있었네요. 그건 그렇고, 요즘도 골프 치시죠? 주로 어디로 가세요?"

이렇게 상대가 관심 가질 만한 주제나 모두가 공감할 만한 주제로 자연스럽게 넘어간다. 견해 차이로 갈등을 빚지 않을 만한 주제를 선정하는 것이 좋다.

상대가 중요한 말을 하는데, 좀처럼 집중되지 않고 귀에 들어오지 않으면 어떻게 해야 할까? 중요한 일을 기억하지 못하면 곤란한 상황이 생길 수 있으므로 차라리 솔직히 양해를 구하는 것이 좋다.

"여보 미안한데, 이것만 끝내고 다시 얘기하면 안 될까?"

"김 대리님, 저도 그 얘기 재미있는데, 이 일만 빨리 끝내고 나중에 다시 얘기하는 건 어때요?"

그러면 상대방도 "그래요"라고 긍정적인 반응을 보일 것이다. 자신이 거부당했다는 느낌을 주지 않기 때문이다.

상대의 이야기를 건성으로 듣는다면 언젠가 부메랑이 되어 돌아올 수 있다.

# 30
## '제가 알기로는'의 이중적 의미

사회생활을 할 때 자주 듣는 화법 중 하나가 '제가 알기로는 ~라고 알고 있습니다'이다. 예를 들어 다음과 같은 상황이다.

"제가 알기로는 그 법은 더 이상 적용되지 않는 것으로 알고 있습니다."

"제가 알기로는 전무님의 새로운 일정 때문에 그 회의가 취소된 것으로 알고 있습니다."

"내가 알기로는 그 사람은 IT 쪽에 새로 취업했다던데요."

회의나 일상적인 대화, 뉴스 인터뷰에서도 많이 볼 수 있다. 그때마다 '당신이 알고 있기로는 그런데, 다른 사람이 알고 있기로는 다를 수도 있다는 말인가?'라는 생각이 든다.

자신이 한 말이 틀릴 수도 있음을 넌지시 강조하는 것 같다. 문제가 되었을 때 빠져나갈 구멍을 만들어놓는 대화법이라고도 할 수 있다.

## 그래서 안다는 거야, 잘 모른다는 거야?

물론 모든 것을 정확히 다 알고 있을 수는 없다. 어떤 업무의 담당자라고 해서 업무와 관련한 모든 것을 꿰고 있기는 힘들다. 하지만 이런 화법에 너무 의존하다 보면 자신감이 없어 보이거나 별로 믿음직스럽지 않은 인상을 줄 수 있다.

엘리자베스 홈즈(Elizabeth Holmes)는 미국 바이오 메디컬 기업 테라노스(Theranos)를 설립한 기업가이다. 그녀는 회사가 주장하는 기술의 정확성과 타당성에 관한 질문을 받을 때마다 '내가 아는 한(as far as I know)'이라는 말을 쓰는 경향이 있었다.

사람들은 그녀의 말을 들을 때마다 '매번 저런 식으로 말하는 것을 보면 정말 무슨 문제라도 있는 것은 아닐까?' 하는 의구심을 가졌다. 그러한 우려는 결국 사실이 되었다. 실제로 회사의

사기 행각이 드러났고, 그녀는 자신의 책임을 인정하지 않고 다른 사람에게 책임을 전가하려고 했다. 책임을 회피하려는 듯한 언어 습관이 실제로 드러난 사례이다.

상대의 질문에 정확히 답하기 어려울 때는 어떻게 해야 할까? 업무적인 상황에서는 '모른다'고 말하는 것도 문제가 될 수 있다. 대답을 해야 하는데 확신이 없을 때는 한마디를 더 붙여본다.

"제가 알고 있기로는 이러한데, 이 부분이 맞는지는 좀 더 확인해보고 말씀드려도 될까요?"

이렇게 말하면 상대가 좀 더 안심할 수 있다. 당신으로부터 좀 더 정확한 정보를 얻을 기회가 한 번 더 생기기 때문이다. '좀 더 확인해보겠다'는 말 자체가 신뢰감을 주고, 오류가 있을 수도 있음을 인정하는 태도는 친근감을 준다.

미국의 사회심리학자 엘리엇 아론슨(Elliot Aronson) 박사는 한 연구 논문에서 '실수 효과(pratfall effect)'에 대해 설명했다. 누군가 실수하면 그 사람에 대한 호감이 올라가는 심리적인 현상을 말한다. 실수가 오히려 인간적인 면을 끌어올려서 매력으로 작용한다는 것이다. 또한 완벽하지 않은 면모를 보이는 것이 좀 더 감정적인 공감을 불러일으킬 수 있고, 인간관계를 강화하는 데 도움된다고 한다.[8]

"그건 잘 모르겠습니다" 혹은 "잘 모르지만 제가 좀 더 알아보고 말씀드리겠습니다"라고 표현하는 사람에게 호감과 친근감을 가질 수 있다.

# 31
# 미녀는 왜 야수를 곁에 두고 싶을까?

우리는 보통 자신에게 없는 것을 가지고 있는 이성에게 끌리기 쉽다. 예를 들어 키가 작은 사람은 키가 큰 이성을 선호하거나, 풍만한 체형의 사람이 마른 체형의 이성을 선호하는 것이다.

심리학에 '보완적 매력(complementary attraction)'이라는 말이 있다. 자신의 부족한 면을 보완해주는 이성을 선호하는 심리적 경향을 말한다. 이것은 자신의 부족함을 상쇄하고 보완하고자 하는 욕구에서 비롯된다. 예를 들어 내성적이고 조용한 성격을 가진 사람은 외향적이고 활동적인 이성을 선호한다.

텍사스대학교 오스틴 심리학과의 데이비드 버스(David Buss) 교수는 '배우자 선호도'를 주제로 전 세계 37개 문화권의 1만 47명을 대상으로 공동 연구를 진행했다. 그 결과 자신의 지적

수준이 낮다고 여기는 사람들은 지적 수준이 높아 보이는 상대를 찾는 경향이 있는 것으로 나타났다.[9]

'자기검증 이론(self-verification theory)'에 따르면 사람은 누구나 자신의 현재 모습이나 추구하는 이미지를 끊임없이 확인하려는 욕구가 있다. 예를 들어 자신이 지적인 사람이라고 믿는 사람은 끊임없이 책을 읽고, 정보를 모으며 연구하고, 토론하는 시간을 가지려고 한다.


## 나의 부족함을 채워줄 누군가를 찾습니다

텍사스대학교 오스틴 심리학과의 버트럼 가브론스키(Bertram Gawronski) 교수도 공동 연구를 통해 외모에서 열등감을 느끼는 사람들은 매력적인 외모의 이성을 선호하는 경향이 높다고 한다. 이는 열등감을 해소하거나 보완하려는 심리다.[10] 자신의 외모적 특징을 다른 사람의 외모적 특징으로 보완함으로써 완전하다는 느낌을 받는 것이다.

우리는 무의식중에 자신의 약점을 상대를 통해 보완하려고 한다. 이것이 상대를 선택할 때 영향을 미친다는 것이다. 넉넉지 못한 집안에서 자란 사람이 풍족하게 자란 상대에게 매력을 느끼는 것도 자신의 부족한 점을 보완하면서 만족을 느끼려는 심리가 작용한 것이다.

하지만 약점을 스스로 극복하지 않고 누군가를 통해 채우려는 태도는 경계해야 한다. 일종의 회피가 될 수 있기 때문이다. 그것은 부족한 점을 채우는 것이 아니라 감추는 것이다.

> "두려움을 처리하는 유일한 방법은
> 그것에 정면으로 맞서는 것이다."

전 세계적으로 3억 5천만 부 이상 팔린 베스트셀러 작가 제임스 패터슨(James Patterson)이 한 말이다.

우리는 누구나 자신만의 약점과 두려움을 가지고 있다. 나에게 부족한 것을 가진 상대를 만났다고 해서 온전히 채워지지 않는다. 일시적인 위안을 얻을 수는 있지만 근본적으로 사라지는 것이 아니다. 자신의 약점은 스스로 해결해야 할 문제다. 노력을 통해 극복하거나 새로운 관점을 가지고 강점으로 승화할 수도 있다.

# 32
## '밥은 먹었어?'의 복잡다단한 의미

"밥은 먹고 다니냐?"

영화 〈살인의 추억〉에서 송강호가 연쇄살인 혐의자에게 내뱉은 명대사이다. 우리 사회에서 '밥 먹었니?'는 단순히 끼니를 때웠는지를 물어보는 것 이상의 의미를 지닌다.

누군가를 만나면 맨 먼저 "밥 먹었니?", "식사는 하셨어요?"라고 물어보는 사람들이 있다. 이러한 인사 문화에 익숙하지 않은 외국인들은 의아해할 수 있다.

우리나라에서 "밥 먹었니?"라는 말이 인사로 쓰이게 된 배경은 과거의 시대 상황에서 찾을 수 있다. 먹을 것이 부족하고 음식이 귀하던 시절에 밥을 먹었는지가 잘 지내는지를 알 수 있는 척도였다. 더 나아가서 여기에는 상대에 대한 관심과 걱정이 포함되어 있다. 끼니를 때우는 것이 중요한 사회에서 밥을 먹는다는 것은 얼마나 편안하게 잘 지내는지를 알 수 있는 기준이 된다.

이러한 인사법이 우리나라에만 있는 것이 아니다. 중국의 "츠판러마(吃飯了嗎)?", 베트남의 "안 꼼 쯔어(Ăn cơm chưa)?", 인도네시아의 "수다 마칸(Sudah makan)?"이 '밥 먹었니?'라는 의미의 인사말이다.

이러한 인사를 받았을 때 단지 "네, 먹었습니다", "아니오, 먹지 않았습니다"라고 대답하고 끝내버리면 인사가 아니라 실제로 식사 여부를 묻는 질문이 되어버린다. 진정한 인사가 되려면 나도 상대에게 물어보아야 한다.

"네, 저는 식사했습니다. ○○님도 식사하셨는지요?"

상대에게도 되묻지 않으면 인사만 받고 인사를 건네지 않은 것과 같다.

## 언젠가 보상하고 싶은 심리

심리학에서 '상호성(reciprocity) 이론'은 누군가에게 도움이나 호의를 받았을 때 꼭 보답해야 한다고 느끼는 심리를 말한다. 도움을 받았다고 느끼면, 뭔가 빚을 진 것 같아서 언젠가 갚아야 할 것 같다. 먹을 것을 주고받는 것을 통해서도 이러한 마음을 나눌 수 있다.

대학교 심리상담센터에서 근무할 때 농사짓는 동료가 집에서 항상 감자, 고구마, 방울토마토 등 다양한 제철 농작물을 가져와서 직원들과 나눠 먹었다. 그래서인지 그가 도움이 필요한 상황에 처하면 가장 먼저 나서곤 했다.

브리검영대학교 심리학과의 줄리앤 홀트-런스태드(Julianne Holt-Lunstad) 교수는 '사회적 관계와 사망 위험'이라는 주제로 공동 연구를 수행한 결과, 사회적 연결이 증가할수록 사망 위험이 감소하는 경향이 있다고 했다. 또한 식사를 통해 사회적 연결을 형성하는 것이 정신건강과 전반적인 웰빙에 긍정적인 영향을 미칠 수 있다고 설명했다.[11]

먹을 것을 나눠 주면 타인에게 호감을 살 뿐만 아니라 자신의 신체적 정신적 건강을 챙길 수 있다는 점에서 생각보다 큰 힘을 발휘한다는 것을 알 수 있다.

## 사과는 사과와 함께

플로리다주립대학교 심리학과의 네이선 램버트(Nathan Lambert) 교수는 공동 연구를 통해 음식을 나누는 행동이 인간관계에 긍정적인 영향을 미칠 수 있다고 했다. 음식을 나누면 감사한 마음을 표현하게 되고, 이로 인해 신뢰감과 헌신하고자 하는 마음이 커져서 관계의 만족도를 높일 수 있다고 설명했다.[12]

연인과 다투고 지쳐 있을 때 초콜릿을 살며시 건네보면 어떨까? 냉랭한 분위기가 달콤한 초콜릿처럼 사르르 녹아내릴지도 모른다. 바쁜 업무로 직장 동료와 소원해졌다고 느낄 때 달달한 마카롱 하나를 그의 책상 위에 올려두는 것은 어떨까? "힘내요"라는 메모와 함께 말이다. 그러한 작은 호의는 어떤 형태로든 반드시 돌아온다.

소설 《루스 홀(Ruth Hall)》을 쓴 작가 패니 펀(Fanny Fern)은 다음과 같은 말을 남겼다.

"사람의 마음으로 가는 길은

그의 위(stomach)를 통해서이다."


사랑하는 사람이 있다면, 또는 사랑을 얻고 싶은 사람이 있다면 맛있는 것을 건네보자. 누군가에게 표현하고 싶은 마음을 작은 음식으로 대신할 수 있다. 초코파이로 정(情)을 나누는 것은 심리학적으로 매우 효과적인 방법이다.

# 33
# 축하와 감사에 곁들이는 쿠키 하나

요즘은 생일에 메시지로 축하 인사를 받는다. 기쁜 일을 축하해주는 방식은 2가지로 나뉜다. 인사말을 건네는 것과 작은 선물을 곁들이는 것이다. 축하 인사와 더불어 선물을 보내준 사람들에게는 더 고마운 마음이 드는 것은 인지상정이다. 선물을 받는 순간 친밀감이 높아지는 것도 사실이다. 선물까지 받을 정도로 가까워졌다는 생각이 드는 것이다.

사람의 마음은 어차피 눈에 보이지 않는다. 누군가를 좋아하는 마음, 누군가를 생각하는 마음을 수치로 표현하기는 힘들다. 그런 면에서 선물은 누군가에 대한 마음을 간접적으로 가늠해보는 수단이 될 수 있다.

캐나다 브리티시컬럼비아대학교 심리학과의 엘리자베스 던

(Elizabeth Dunn) 교수는 '행복을 증진하는 것들에 관한 소비'라는 주제로 공동 연구를 수행했다. 그들은 선물을 주고받는 행위가 다른 사람에 대한 관심과 배려를 나타낼 수 있다고 했다. 또한 주는 사람도 즐거움과 행복감을 얻고, 친밀한 관계를 형성하는 데 도움된다는 점을 발견했다.[13]

## 쿠키를 받아 먹은 자, 부담을 느껴라

좋은 일이나 축하할 일이 있을 때 간단한 선물을 주고받는다면 관계가 더 돈독하고 오래 유지될 수 있다. 선물은 마음을 표현하고 가시화하는 효과가 있다. 친밀함의 정도를 눈으로 확인하는 것이다.

애리조나주립대학교 심리학과 로버트 치알디니(Robert Cialdini) 교수는 작은 간식의 커다란 효과를 실험을 통해 증명했다. 실험 참가자들이 대기실에서 기다리는 동안 누군가는 쿠키를 선물로 받고, 누군가는 받지 않았다. 이후 쿠키를 준 사람이 참가자들에게 복권을 사달라고 부탁했다. 그 결과 쿠키를 선물로 받은 참가자들 중에 70%가 복권을 샀지만, 그렇지 않은 참가자들은

20%만 복권을 샀다.[14] 사전에 쿠키를 받은 사람들이 부탁을 들어준 비율이 그렇지 않은 사람에 비해 3배 이상 높았다.

작은 쿠키를 건네는 것은 큰 호의를 베푸는 것과 같은 효과를 발휘한다. 지금 당신의 쿠키를 선물받은 사람은 나중에 당신에게 더 큰 호의를 베풀 가능성이 크다.

## 오는 케이크가 있어야 가는 케이크가 있다

선물을 주고받는 것 자체도 관계에 영향을 미치지만, 선물의 '양'도 관계에 영향을 미칠 수 있다. 받은 만큼 돌려주고 싶은 마음이 작용하기 때문이다.

심리학에서 말하는 '사회적 교환 이론(social exchange theory)'에 따르면 다른 사람과 관계를 맺을 때 보상과 비용의 균형을 맞추려는 경향이 있다고 한다. 축의금 5만 원을 받은 상대에게 축의금을 5만 원 이상 하고 싶지 않다. 축의금 10만 원을 받은 상대에게는 축의금을 10만 원은 내야 할 것 같다.

친해지고 싶은 사람이 있다면 생일에 축하 인사와 함께 작은 선물을 보내보자. 상대는 기대하지 않았던 선물이라 놀라겠지만 그만큼 당신에게 큰 고마움을 느낄 것이다. 상대와 관계는 그만큼 가까워지고 나중에 더 큰 보답으로 돌아올 수 있다. 경제적인 관점에서도, 심리적으로도 손해 볼 것 없다.

머지않은 미래에 누군가에게 부탁할 일이 있는가? 그렇다면 축하할 일이 있을 때 간단한 선물을 보내거나, 따뜻한 말 한마디를 건네보자. 좋은 감정을 전달하는 방법은 얼마든지 있다. 그에게 베푼 작은 호의가 나중에 더 큰 무언가로 되돌아올 수 있다.

# 34
# 고속도로에서 끼어들기를
# 해주고 싶지 않은 마음

엘리베이터를 타고 닫힘 버튼을 누르려고 하는 순간, 저 멀리서 다가오는 인기척이 들린다면 당신은 어떻게 하겠는가? 그 사람을 기다려줄 것인가, 아니면 모른 척하고 닫힘 버튼을 누를 것인가?

고속도로를 빠져나가려는 차량이 길게 밀려 있는 상황에서 차 한 대가 중간에 끼어들려고 한다면 어떻게 할까? 앞차와 거리를 두면서 끼어들기를 허용해줄 것인가, 아니면 앞차와 거리를 바짝 좁혀서 끼어들 틈을 주지 않을 것인가?

엘리베이터에서 다가오는 사람을 기다리는 것이나, 내 차 앞으로 끼어들기를 허용하는 것이나 사실상 몇 초에 지나지 않는다. 나에게 큰 피해를 주지도 않는 일인데 왜 단 몇 초가 아까워서 기다려주지 않는 것일까?

## 모르는 사람에게는 단 1초도 아까운 마음

우리는 모르는 사람에게 조금도 피해를 보고 싶지 않은 마음이 있다. 아는 사람에게 받는 피해는 어느 정도 감수할 수 있지만 모르는 사람에게 받는 피해는 감수하기 어려운 심리다. 똑같은 피해라도 상대와 얼마나 잘 아는 사이냐에 따라 반응하는 감정이 달라질 수 있다.

캘리포니아대학교 샌디에이고 심리학과의 제임스 칼스미스(James Carlsmith) 교수는 '복수의 역설적 결과'라는 주제로 공동 연구를 수행했다. 실험 참가자들은 자신이 아는 사람에게 피해를 입었을 때보다 자신이 모르는 사람에게 피해를 입었을 때 더 강한 복수심을 가지는 경향이 있었다. 자신이 아는 사람과 관계를 유지하고 싶은 욕구로 인해 복수심을 억제하는 경향이 있다고 한다.[15]

똑같은 피해를 입었더라도 상대가 아는 사람이라면 좀 더 관대하게 넘어가려는 마음이 있다. 당신이 주차장에서 차를 빼려는데 뒤에서 다른 차가 '쿵' 하고 당신의 차를 들이받았다. 내려서 보니 회사 동료라면 어떻게 하겠는가? 큰 피해가 아니라면 너그럽게 넘어가는 사람들이 더 많을 것이다.

하지만 아는 사람에게 베푸는 관대함도 도덕적 기준은 지켜야 한다. 친하다고 해서 잘못을 눈감아 준다면 상대방은 문제의 심각성을 모르고 잘못된 판단을 할 수 있다. 자칫 친하다는 이유로 더 쉽게 행동하고, 아무렇지 않게 더 큰 잘못을 저지를 수 있다.

이러한 위험은 지인 범죄와도 연결된다. 지인이라면 잘못을 해도 묵인해줄 것이라고 생각하는 것이다. 또한 아는 사람이라면 개인정보나 약점을 잘 알기 때문에 더 쉽게 위협하거나 협박할 수 있다.

## 배신은 가까운 사람에게 당하는 것

잘 아는 관계라고 해서 무조건 용서해주고 눈감아 주는 태도는 지양해야 한다. 친한 사이일수록 건강한 피드백이 필요하다.

포르투갈 응용심리대학(ISPA) 사회 및 조직심리학과의 프란시스코 세사리오(Francisco Cesário) 교수는 '피드백에 대한 반응의 역할'이라는 주제로 공동 연구를 진행했다. 그들은 친구 사이에서 피드백이 제공되면 친밀감과 상호 의존성을 강화하는 데 도움된다고 했다. 또한 피드백은 친구 사이에 발생하는 갈등을 해결하고 의사소통 방식을 개선하는 데도 효과가 있음을 발견했다.[16]

잘 알고 지내는 사이일수록 잘못을 정확히 지적해줘야 한다. 당장은 불편하고 쉽지 않은 일이지만 오랫동안 친밀하고 굳건한 관계를 이어나가는 데는 도움이 된다.

"친한 사이일수록 더 엄격해야 한다."

로마의 철학자 세네카의 말이다. 이처럼 친한 사이일수록 엄격한 태도를 보여야 할 때도 있다. 특히 상대방의 잘못을 눈감아 주거나, 옳지 않은 행동을 용납해서는 안 된다.

가난하고 소외된 사람들을 돕는 데 평생을 바친 마더 테레사는 1950년 인도 캘커타에 빈민 구호소인 '사랑의 선교회'를 설립하여 수많은 사람을 도왔다. 마더 테레사와 수녀들은 서로 친밀하게 지냈지만 빈곤과 질병으로 고통받는 사람들을 도울 때는 서로에게 엄격한 태도를 유지했다고 한다.

아는 사람이라고 해서 지나친 호의를 베풀지 않도록, 모르는 사람이라고 해서 지나치게 경계하지 않도록 사람들을 균형 있게 대하는 지혜가 필요하다.

즐겁지 않은 상황을
무조건 참을 필요 없다.
내가 견딜 수 있는 수준을 정하고
그 선을 넘어오면 분명하게 말하자.
자기 할 말만 하는 사람들에게는
단호한 표현이 가장 효과적인 대응이다.

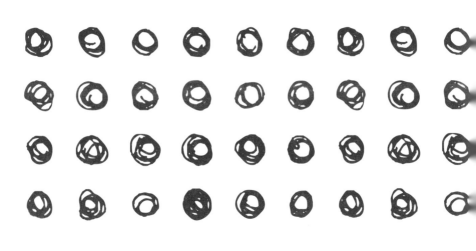

PART

## 05

단호한 마음을
전해야 할 때

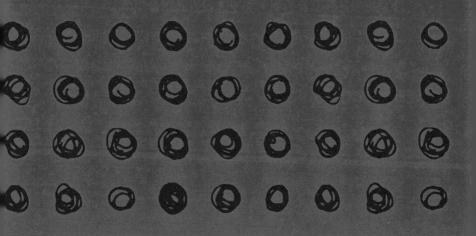

## 35
# 차라리 내가 다 해야 마음이 편한 사람

미국 조지아귀넷대학교 심리학과의 데이비드 루덴(David Ludden) 교수는 다음과 같이 말했다.

"통제 욕구는 인간의 기본적인 동기다."

누구나 무언가를 통제하고 싶은 욕구를 가지고 있다. 통제하는 대상도 사람, 상황, 시스템, 일정 등 다양하다. 통제의 욕구가 특히 높은 사람들은 어떤 특징을 가지고 있을까?

미국 산타클라라대학교 사회심리학과의 제임스 버거(James Burger) 교수는 《통제에 대한 욕구(Desire for Control)》에서 다음과 같이 말했다.

"통제에 대한 욕구가 높은 사람일수록

일에 대한 책임감을 떠안고

다른 사람들에게 '내가 다 알아서 할게'라고

말하는 경향이 있다."[1]


"내가 다 알아서 할게"라는 말은 '웬만한 것들은 내가 다 통제할 수 있다'는 일종의 과시 욕구에서 비롯된 것일 수 있다. 그러므로 남이 할 만한 일도 자신이 나서서 하겠다고 하는 경우가 많다.

이들은 주도적이고 목표 지향적인 모습을 자주 보일 수 있다. 또한 완벽주의 경향이 있어서 일할 때 주위 사람들에게 높은 수준의 성과를 기대한다. 독립적이고 자기 주도적으로 행동하기 때문에 문제가 생겼을 때 다른 사람들의 도움을 받기보다 혼자 해내려고 한다. 자신의 업무를 성실히 수행하고 자신의 책임을 중요하게 생각하기 때문에 다른 사람들에게도 높은 책임감을 요구할 수 있다.

한편 상황을 통제할 수 없을 때 다른 사람에 비해 더 큰 불안감과 스트레스를 느낄 수 있다. 예상치 못한 상황이 발생했을 때 더 큰 괴로움을 느낀다. 타인에게 업무를 위임하거나 권한을 넘기는 것도 어려워한다.

## 하고 싶은 대로 마음껏 하게 해줘라

통제 욕구가 높은 사람은 어떻게 대하는 것이 좋을까?

첫 번째, 자율적인 권한을 많이 준다. 미국 노터데임대학교 심리학과의 티모시 저지(Timothy Judge) 교수는 '성격과 리더십'이라는 주제로 공동 연구를 수행했다. 그 결과에 따르면, 통제 욕구가 높은 사람들은 자율적인 권한을 부여받았을 때 동기부여와 성과, 만족도가 더 높고, 스트레스와 불안이 감소한다고 한다.[2]

미국의 인적자원 관리 전문가 수전 히스필드(Susan Heathfield)는 "통제 욕구가 높은 팀원에게 권한을 위임하는 것은 생각보다 중요한 일이다"라고 말했다. 통제 욕구가 높은 사람에게 과감히 권한을 넘기면 생각보다 큰일을 해낼 수 있다.

두 번째, 명확한 피드백을 제공한다. 위의 연구에 따르면, 통제 욕구가 높은 사람들은 어떻게 행동해야 하는지 직접적이고 명확한 피드백을 받았을 때 더 만족감을 느끼고, 더 좋은 성과

를 낸다. 자신의 행동을 개선할 수 있기 때문이다. 따라서 통제
욕구가 높은 사람들에게는 에둘러 말하지 말고 직설적으로 표
현하는 것이 좋다.

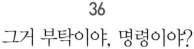

# 36
# 그거 부탁이야, 명령이야?

"김 대리, 이 서류들은 저기에 모아놔."

"여보, 세탁기에서 빨래 꺼내서 건조기에 넣어."


분명 부탁하는 입장인데 명령조로 말하는 사람들이 있다. 그러면 상대가 기분 좋을 리 없다. '내가 자기 하인이라도 되는 거야'라는 생각도 든다. '똑같은 말이라도 기분 좋게 하면 어디가 덧나?', '이것 좀 해'가 아니라 '이것 좀 해줘'라고 말하기가 힘든가, 하는 생각이 든다.

명령조로 말하는 사람들은 조급한 성격의 소유자일 가능성이 있다.

'시간 압박 이론(time pressure theory)'에 따르면, 사람들은 시간의 압박감을 느낄 때 더 직접적이고 긴급하게 말하는 경향이 있다. 마음의 여유가 없어서 '~좀 해줄래?', '~좀 해줘'라는 말이 잘 나오지 않는다. 예를 들어 아이들을 데리고 시간 맞춰 어딘가를 가야 하는 상황에서는 마음이 급한 나머지 나도 모르게 아이들에게 명령조로 말한다.

"얘들아, 이리 와. 양말 신어. 신발 신어. 문 열어. 엘리베이터 눌러. 타. 내려. 차 문 열어, 어서 타."

이런 상황에서 아이가 조금이라도 내 말을 듣지 않으면 짜증이 난다.

캐나다 콘코디아대학교 존몰슨 비즈니스스쿨 심리학과의 메릴렌 가네(Marylène Gagné) 교수는 '직장에서 동기부여 척도'라는 주제로 공동 연구를 수행했다. 그 결과, 압박을 받는 분위기의 직장에서는 명령적인 표현을 더 많이 하는 것으로 나타났다. 그리고 직원들의 내적 동기와 직무 만족도에 부정적 영향을 미칠 수 있다고 한다.[3] 우리가 시간의 압박을 받을 때 명령조로 말하는 것과 같다.

## 급할수록 말이 짧아지는 현상

그렇다면 어떤 사람들이 특히 시간의 압박을 잘 느낄까?

첫 번째, 성격이 급한 사람들이다. 이들은 습관적으로 일을 빨리 진행하려는 경향이 있다. 실제로는 마감기한이 없는데도 일단 빨리 진행하고 본다. 나 역시 할 일이 있으면 최대한 빨리 해치운다. 끝내는 것이 아니라 해치운다는 표현이 맞을 정도로 조급하게 서두른다.

예를 들어 원고 청탁을 받으면 바로 작업을 시작한다. 그렇게 해야 마음이 편하다. 할 일이 있는데 하지 않으면 뭔가 찝찝하다. '어차피 할 일인데 빨리 해버리는 것이 낫다'는 생각이다. 나중에 일이 한꺼번에 몰릴 수 있기 때문에 무의식적으로 미리 행동하는 것이다. 한꺼번에 일이 몰리면 스트레스를 받거나 일을 제때 못 끝낼 수 있기 때문이다.

성격이 급한 사람들은 모든 일이 순서대로 척척 진행되어야 한다. 이 과정에서 속도와 결과를 중요하게 여기므로 상대방을 배려할 마음의 여유가 없다.

성격이 급한 사람들은 시간을 허투루 쓰지 않는다. 항상 시간을 효율적으로 사용하고, 가만히 있는 것을 견디지 못한다.

좋게 말하면 시간의 효율을 높이는 것이고, 다르게 말하면 조급한 것이다. 시간의 압박을 잘 느끼는 사람들은 시간이 충분한 상황에서도 조급해할 수 있다.

이런 유형의 사람들이 가장 놓치기 쉬운 것이 '휴식'이다. 일의 성과와 속도에만 집중한 나머지 휴식의 중요성을 간과할 수 있다. 어떤 사람들은 쉬면서도 습관적으로 할 일을 생각한다.

하지만 휴식의 중요성은 아무리 강조해도 지나치지 않다. 필요할 때 쉬지 못하는 사람은 브레이크가 고장 난 자동차와 같다. 구명조끼 없이 깊은 바다에 뛰어드는 것과 같다. 쉬지 않고 일만 생각하는 것은 쉬지 않고 죽음을 향해 달려가는 것과 같다.

## 불안할수록 조급해지는 심리

수면에 대해 다양한 연구를 진행하고 있는 매튜 애들런드(Matthew Edlund) 박사는 《휴식의 힘(The Power of Rest)》에서 다음과 같이 말했다.

"우리가 일할 때는 열심히 일해야 하고

우리가 쉴 때는 열심히 쉬어야 한다."


쉬면서도 일을 생각하고, 일을 걱정하는 것은 쉬는 게 아니다. 열심히 쉴 수 있는 사람이 열심히 일할 수 있다고 했다.

두 번째, 평소 불안감이 높은 사람들이다. 미국 마이애미대학교 심리학과의 찰스 카버(Charles Carver) 교수는 공동 연구 결과, 높은 불안감을 가진 사람들은 낮은 불안감을 가진 사람들보다 시간의 압박감을 더 많이 느끼고, 성급하고 경쟁적이며 공격적인 행동을 보인다고 한다. 이는 불안감과 시간의 압박감이 상황 대처 방식과 행동에 영향을 미칠 수 있다는 의미다.[4]

평소 불안감이 높은 사람들은 '제때 일을 못 끝내면 어떡하지?'라는 걱정이 내재되어 있다. 실제로 시간이 충분한데도 말이다. 이들은 업무를 제때 끝내지 못한다거나 실패에 대한 두려움이 상대적으로 큰 편이다. 그래서 시간이 충분한 상황에서도 일을 빨리 진행시키려는 욕구가 강하게 나타날 수 있다.

이들에게는 이런 질문을 하고 싶다.


"일을 제때 끝내지 못한 경험이 있나요? 있다면 얼마나 자주 있었나요?"

막연한 불안감을 현실적인 관점에서 정확히 따져보자. 아마 실제로는 제때 일을 끝낸 적이 훨씬 많다는 사실에 놀랄 것이다. 이러한 점을 스스로 명확하게 인식해야 한다. 명확한 사실과 데이터를 통해 막연한 불안감을 검증해보고 잘못된 감정적 습관을 바로잡아야 한다.

# 37
## 상대가 말할 틈을 주지 않는 사람

30대 후반의 H씨는 아내가 대화할 때 상대에게 말할 틈을 주지 않는다고 한다. 아내가 자기 할 말만 하다 다른 이야기로 넘어가 버리기 때문에 자신도 모르게 마음이 급해진다고 고민을 털어놨다. 매번 그는 아내에게 하고 싶은 말을 제대로 하지 못했다.

문제는 아내가 무언의 동조로 받아들인다는 것이었다. 말할 틈이 없었던 것뿐인데, 아내의 말을 다 인정하기 때문에 말하지 않은 것으로 오해하고 있었다. 나중에 다시 얘기를 꺼내면 아내는 "내가 그렇게 말했을 때 당신은 별말 없었잖아"라고 대응한다. 그때는 가만히 있다가 왜 지금 와서 딴소리하느냐는 것이었다. 그럴 때마다 H씨는 답답하고 화가 치밀어 오른다.

## 지나친 자신감과 두려움 사이

대화할 때 자기 할 말만 빠르게 하고 마는 사람들은 어떤 심리일까?

첫 번째, 자아도취가 심한 사람들이다. 미국 컬럼비아대학교 비즈니스스쿨 심리학과의 애덤 갈린스키(Adam Galinsky) 교수가 공동 연구한 결과에 따르면, 이들은 자기중심적이고 다른 사람의 의견을 무시하는 경향이 있다고 한다. 자신의 의견은 빠르게 표현하지만 상대의 의견은 존중하지 않는다는 것이다.[5] 이들은 자아도취가 심하고 이기적인 성향이 강하다고 한다.

두 번째, 공감 능력의 부족이다. 애덤 갈린스키 교수는 '공감하는 수준과 대화에 임하는 자세'라는 주제로도 공동 연구를 진행한 결과, 공감 수준이 낮은 사람들은 다른 사람들의 관점을 고려하기보다 다른 사람의 말을 방해하고 자신의 관점에 집중할 가능성이 높다고 한다.[6] 공감 능력이 부족한 사람일수록 대화를 지배하고자 하는 욕구가 더 크다는 것이다.

도널드 트럼프 전 미국 대통령이 전형적인 예이다. 그는 토론과 기자회견에서 다른 사람들의 말을 자주 끊는 것으로 유명하다. 다른 사람들의 생각을 듣기보다는 자신이 하고 싶은 이야기에 집중하는 것이다. 이러한 행동은 종종 많은 비판을 받았다.

세 번째, 거절의 두려움이다. 자신이 말하고자 하는 것을 상대에게 전달하고 설득시키고 싶은 욕구가 높은 사람들이다. 상대가 생각하거나 반격할 틈을 주지 않고 자신의 생각을 인정하게 만들고 싶은 것이다. 상대가 자신의 말에 동의하지 않을까 봐, 자신의 제안을 거절할까 봐, 자신이 원하는 대로 따라오지 않을까 봐 상대가 자신과 반대되는 말을 할 기회를 주지 않는다.

잠재적인 비판이나 반대로부터 자신을 보호하는 것을 방어 메커니즘이라고 한다. 대화를 지배한다고 느낌으로써 타인의 부정적인 피드백에 덜 상처받고 상황을 통제하고 싶은 것이다.

캘리포니아대학교 버클리 심리학과의 오즐렘 에이덕(Özlem Ayduk) 교수는 '거절 민감성이 대화 태도에 미치는 영향'이라는 주제로 공동 연구를 수행했다. 그 결과, 거부에 대한 민감도가 높은 사람일수록 대화를 지배하려 들고 다른 사람들이 말하는 것을 방해할 가능성이 더 크다는 점을 발견했다.[7]

## 내가 말할 기회는 스스로 찾는다

이런 사람들을 피할 수 있다면 가장 좋겠지만 어쩔 수 없이 만나야 한다면 어떻게 대해야 할까?

첫 번째, 관계의 경계를 설정한다. 상대방이 자신의 이야기만 늘어놓고 내가 말할 기회를 주지 않는다면 감내할 수 있는 수준까지만 들어준다. 상대의 말에 계속 끌려가지 않고, 차분하고 단호하게 요청해야 한다.

"말씀 중에 죄송한데 제 생각을 좀 말씀드려도 될까요?"

"얘기 중에 미안한데 잠깐 내 얘기 좀 해도 될까? 다른 주제로 넘어가기 전에 꼭 하고 싶은 말이 있어서."

상대방이 자기가 하고 싶은 얘기만 하고 새로운 주제로 넘어가기 전에 끊어주어야 한다. 그렇지 않으면 상대방은 당신이 무언의 동조를 한 것으로 이해하고 나중에 더 난처한 상황에 놓일 수 있다. 당신의 생각과 다른 부분이나 정확히 짚고 넘어가야 할 부분이 있다면, 상대의 말을 끊어서라도 반드시 얘기하자.

두 번째, '나 전달법(I-message)'을 사용한다. 주어를 '너(You)'

가 아닌 '나(I)'로 말하는 것이다. 이것은 상대방을 격분시키지 않으면서 나의 생각이나 감정을 잘 표현할 수 있는 방법이다.

"너는(You) 내가 말할 때마다 항상 말을 끊고 나를 힘들게 해"라고 말하면 상대가 오히려 반박하며 화를 낼 수 있다. 주어를 바꿔서 말해보자.

"내가(I) 말할 때 말이 끊긴다는 생각이 들면 나는(I) 말하기가 힘들어. 내 생각과 의견을 좀 더 말할 기회를 주면 좋겠어."

'피할 수 없으면 즐겨라'는 말이 있다. 하지만 자기 할 말만 하는 사람들과 즐겁게 대화하기 힘들다. 즐겁지 않은 상황을 무조건 참을 필요 없다. 당신이 견딜 수 있는 수준을 정하고 그 선을 넘어오면 분명하게 말하자. 이기적으로 자기 할 말만 하는 사람들에게는 정중하면서도 단호한 표현이 가장 효과적인 대응이다.

# 38
# 무조건 내 말이 맞다고
# 단정하듯 말하는 심리

"내가 말했잖아", "내가 줬잖아", "내가 그렇다고 했잖아", "내가 보냈잖아."

무슨 말이든 단정적으로 말하는 사람들이 있다. 확신에 찬 말투 때문에 상대는 '그런가?'라는 생각이 든다. 하지만 사실을 확인해보면 아닐 때도 많다. 이런 사람들은 워낙 자신 있게 말하는 터에 대부분 당시에는 반박하지 못하는 경우가 많다. 그 순간이 지나고 사실이 아니라고 한들 다시 꺼내기도 뭣하다.

자기 말이 무조건 맞다는 듯이 단정적으로 말하는 심리는 무엇일까?

심리학에는 '자신감의 환상(illusion of confidence)'이란 개념이 있다. 자신이 생각하는 것, 자신이 알고 있는 것이 '기본적으로 옳다'는 신념을 말한다. 일종의 인지적 편견인 셈이다. 주로 자신의 판단력, 사고력, 지식, 경험을 과대평가하는 경우이다. 심지어 관련된 지식이 아예 없는데도 확실하다는 듯 말하기도 한다.

## 내 말이 맞다는 착각

심리학에서 말하는 확증 편향은 검증되지 않은 신념을 갖고 있는 경우, 그러한 신념에 부합하지 않는 정보나 현상을 무시하는 경향을 말한다.[8] 자신의 신념에 확신을 가지고 그것을 뒷받침해주는 정보만 받아들이는 것이다.

자신의 말이 옳다고 단정적으로 말하는 사람들은 피드백을 잘 받아들이지 못하고, 새로운 정보를 들었을 때도 자신의 생각을 바꿀 가능성이 적다는 연구 결과도 있다.

자신의 말이 무조건 맞다는 듯 단정적으로 말하는 사람들을 어떻게 대하면 좋을까?

첫 번째, 질문한다. 당신 말은 틀렸다고 말하기보다 다른 경우에 대해서는 어떻게 생각하는지 질문해서 상대방이 자신의 믿음에 대해 한 번 더 생각하도록 유도한다.

두 번째, 상대가 말하는 것과 반대되는 사례를 꺼낸다. 이것 역시 자신의 믿음이 맞는지 다시 한 번 생각해보는 계기를 제공한다.

세 번째, 상대에게 맞서 싸우지 않는다. 쉽지는 않겠지만 최대한 부드럽게 말해본다. 상대방이 너무 깊숙이 자기 확신에 빠져 있다면 특히 공격적인 대응은 피해야 한다. "당신은 왜 매번 그렇게 단정적으로 말해? 나중에 확인해보면 틀린 것도 많아"와 같은 말은 파국으로 치달을 수 있다. 대화의 주제가 '어떤 사실이 맞고 틀리냐'에서 '너는 항상 틀린 말만 한다'로 바뀌기 때문이다.

자기 확신과 확증 편향에 빠진 사람들에게 곧바로 반박하는 것은 효과가 없다. 시간을 두고 천천히 대화하면서 조금씩 다시 생각해보도록 유도하는 것이 현명하다. 포기하지 말고 계속 시도해보면 상대방도 분명 생각과 태도가 조금씩 달라질 것이다.

# 39
## 꼭 술을 마셔야 친해지는 것일까?

"최 과장, 왜 술을 안 마셔? 그러려면 여기 왜 왔어?"

회식 자리에서 주위 사람들에게 억지로 술을 권하는 사람이 있다. 술을 마시는 분위기를 만들기 위해 게임을 해서 지면 벌칙으로 술을 먹이기도 한다.

술자리에서 술을 소비하는 양은 타인의 권유와 분위기 등에 따라 달라질 수 있다.

미국 브라운대학교 심리학과의 브라이언 보사리(Brian Borsari) 교수는 공동 연구 결과, 술자리에 함께 있는 사람들이 술을 많이 소비할수록 자신도 술 소비량이 증가한다고 했다. 분위기에 따라 술을 많이 마신다는 것이다.[9]

다른 사람들에게 굳이 술을 먹이려 하는 심리는 뭘까?

첫 번째, 자신이 가진 권력을 사용하는 것이다. 특히 직장과 조직에 있는 사람들과 함께하는 회식 자리에서 팀장, 사업부장, 고위 임원 등 높은 자리에 있는 사람들이 자신의 지위를 무의식적으로 확인하려는 수단으로 음주를 권유한다.

두 번째, 친근감을 형성하기 위해서다. 술에 취하면 경계심과 억제하는 마음이 풀리게 된다. 일할 때의 긴장감을 풀고 유쾌하게 웃고 떠들면 더 친해졌다고 생각할 수 있다. 이처럼 즐거운 분위기를 만들기 위해 술을 권한다.

물론 적당한 음주는 사회적 결속력을 강화하고 신뢰감을 증가시킬 수 있다.

미국 피츠버그대학교 심리학과의 마이클 세이예트(Michael Sayette) 교수는 '음주가 신뢰도와 대화에 미치는 영향'이라는 주제로 공동 연구를 진행했다. 그 결과 술을 마신 참가자들은 술을 마시지 않은 참가자들에 비해 더 높은 신뢰도를 보였다. 또한 술을 함께 마신 참가자들은 다른 참가자들과 더 많은 대화를 나누는 경향이 있었다. [10]

## 분위기를 깨지 않고 하고 싶은 대로 하는 법

하지만 먹기 싫은 술을 억지로 마실 수는 없다. 자신이 원하는 만큼 적당히 마시는 것이 가장 좋다. 그렇다면 상대의 기분을 최대한 상하지 않게 하면서, 자신이 원하는 만큼 마시는 방법은 없을까?

가장 좋은 방법은 솔직하게 말하는 것이다.

"죄송한데 오늘 차를 가져와서요."

"죄송한데 요즘 먹고 있는 약이 있어서요."

"죄송한데 집에 들어가서 또 해야 할 일이 있어서요."

그러면서 동시에 대안을 제시한다.

"그래서 오늘은 사이다만 좀 마시겠습니다."

"물로 '짠'만 하겠습니다."

이러한 모습은 상대의 제안만큼은 존중한다는 인식을 줄 수 있다. 회사에 근무할 때 술을 전혀 마시지 않는데도 술자리에 빠지지 않는 분이 있었다. 술을 즐기는 사람들과도 잘 어울렸다. 그는 사람들과 좋은 관계를 유지하며 임원의 자리까지 올랐다. 술을 잘 마신다고 해서 사회생활을 잘하거나 인간관계가 좋은 것은 아니다.

회식의 진정한 목적은 술을 마시는 것이 아니라 팀원들의 소속감과 친근감을 강화하기 위한 것이다. 소속감과 친근감을 위해서라고 해도 상대가 싫어하는 것을 강요해서 불편함을 느끼게 한다면 좋은 의미가 퇴색한다. 어떻게 하면 팀원들에게 술을 먹이지 않고 친근감과 소속감을 느끼게 할 수 있을지 고민할 필요가 있다.

"술로 다스리려는 자는 술로 망한다"(공자)라고 했다. 다른 사람들을 통제하거나 영향력을 행사하는 수단으로 술을 권한다면 자신과 타인에게 부정적 결과를 초래할 수 있다. 진정한 리더십은 술이 아닌 진실성, 지혜, 배려심으로 발휘된다는 점을 잊지 말자.

# 40
# 매번 약속 시간에 3분씩 늦는 이유

"약속은 극장에서 우는 아기와 같다.

그 아기를 안고 당장 밖으로 나가야 하는 것처럼

약속도 당장 실행되어야 한다."

미국의 성직자이자 작가 노먼 빈센트 필(Norman Vincent Peale) 이 약속을 지키고, 약속한 대로 실행하는 것의 중요성을 표현한 말이다.

지각은 한 번도 하지 않는데 회의 시간에는 매번 늦는 동료가 있었다. 그것도 지적하기 애매할 만큼 아주 조금씩 늦었다. 예를 들어 회의 시작 시간이 10시라고 하면 10시 3분에 들어오는 식이었다. 한번은 그가 제시간에 회의에 들어온 적이 있었는데, '시간을 잘못 보고 온 건가?' 하는 생각마저 들었다.


## 주인공은 맨 마지막에 등장한다는 심리

우리 주위에 이런 사람들을 심심치 않게 볼 수 있다. 약속 시간을 습관적으로 어기는 사람들의 심리는 무엇일까?

첫 번째, 관심받고 싶은 욕구가 높은 사람이다. 약속에 늦거나 계획을 취소하면 사람들에게 더 많은 관심을 받는다고 생각한다. 좋은 관심이 아닌데도 말이다. 예를 들어 회의 시간에 늦게 나타나는 사람은 제시간에 나타나는 사람보다 더 주목받는다.

두 번째, 일정 관리를 어려워하거나 건망증이 있다. 약속이나 할 일을 잘 잊어버리거나 이동 소요 시간을 제대로 예측하지 못할 수 있다. 뇌의 전두엽은 계획 수립, 의사 결정, 작업 기억, 주의 집중과 같은 인지 기능을 담당한다. 전두엽이 제대로 기능하지 못하는 사람은 일정 관리, 약속 이행 등을 처리하는 데 어려움을 겪을 수 있다.[11]

세 번째, 수동적이고 공격적인 성향을 가지고 있다. 일부러 약속을 어기거나 시간을 지키지 않음으로써 상대를 힘들게 하려는 사람이다. 상대방에게 안 좋은 감정이 있는데 직접 표현하기는 어려운 사람들이 선택하는 간접적인 방법이다. 상대에게 분노와 좌절감을 안겨주기 위한 일종의 소심한 복수다.


## 습관인가, 나를 무시하는 것인가?


상대가 번번이 약속 시간을 어기면 '나를 무시하는 것인가?' 하는 생각이 들게 마련이다. 상대가 나를 중요한 존재로 여기지 않는다는 것이다. 이러한 오해를 사지 않기 위해서는 약속 시간에 늦기 전에 반드시 미리 양해를 구한다.

어떤 사람들은 너무 미안해서 오히려 늦는다는 말을 미리 하지 못한다. 하지만 상대의 생각은 다르다. 미리 양해를 구하면 자신이 존중받았다는 느낌이 들기 때문에 기꺼이 기다려준다.

회사에 근무할 때의 일이다. 한 달에 한 번 하는 중요한 회의가 열리기 전날이었다. 단톡방에서 다른 동료가 회의 담당자에게 "내일 회의가 취소되었다는 말이 있던데 맞나요?"라고 물었다. 담당자는 "네, 맞습니다. 서면으로 대체되었습니다"라고 대답했다. 회의가 바로 코앞인데 물어보기 전에 미리 알려주어야 하는 것 아닌가. 이럴 때도 상대가 약속을 지키지 않는 것처럼 내가 존중받지 못하고 있다는 느낌이 든다.

약속 시간에 늦을 수 있고, 회의는 얼마든지 연기될 수 있다. 중요한 것은 먼저, 최대한 빨리 알려주고 양해를 구하는 것이다. 그것이 상대가 무시당하는 듯한 기분을 느끼지 않도록 배려하는 행동이다.

## 시간 지키기는 기본적인 배려

습관적으로 약속 시간을 잘 어기는 사람에게는 어떻게 대응하면 좋을까?

첫 번째, 여기서도 '나 전달법', 즉 '나'를 주어로 말하기가 활용된다. "너는 항상 약속을 어기잖아"라고 상대방을 주어로 말하면 비난하는 것으로 들린다. '나'를 주어로 바꾸면 다음과 같다.

"아무런 설명도 없이 약속 시간에 늦으면 나는 좌절감이 느껴지고 화가 나."

'네가 이렇게 했잖아'라고 말하는 것이 아니라 '나는 이렇게 느껴져'라고 말하면 상대방의 저항감과 반발심을 차단할 수 있다. 또한 상대방이 당신의 감정과 기분을 좀 더 자세히 살필 수 있다.

두 번째, 약속 내용을 문서화한다. 구두로 말한 약속도 메시지로 다시 한 번 확인하는 습관을 들인다. 상대방이 날짜나 시간을 자주 헷갈릴 수 있기 때문에 다음과 같이 메시지를 남겨 둔다.

"오늘 만나서 반가웠습니다. 그럼 아까 얘기 나눈 대로 다음 약속은 11월 16일로 하겠습니다. 꼭 기억해주세요."

상대에게 다시 한 번 약속 내용을 각인시키고, 나중에 상대방이 약속을 어기면 메시지를 근거로 따져 물을 수 있다.

상담 약속과 일정 관리가 중요한 나 역시 이러한 방법을 충분히 활용하고 있다. 내담자와 상담 약속을 정할 때 웬만하면 문자 메시지를 활용한다. 말로 나눈 내용도 이후 메시지로 다시 한 번 주고받으며 확인한다.

말의
진심

참고문헌

## Part 01

1. Brehm, J. W. (1956). Post-decision changes in the desirability of alternatives. Journal of Abnormal and Social Psychology, 52(3), 384-389.

2. Harmon-Jones, E., & Mills, J. (1999). Cognitive dissonance: Progress on a pivotal theory in social psychology. Washington, DC: American Psychological Association.

3. Perloff, R. M. (2014). Social media effects on young women's body image concerns: Theoretical perspectives and an agenda for research. Sex Roles: A Journal of Research, 71(11-12), 363–377.

4. Chou, H. G., & Edge, N. (2012). "They are happier and having better lives than I am": The impact of using Facebook on perceptions of others' lives. Cyberpsychology, Behavior, and Social Networking, 15(2), 117-121.

5. Wood, J. V., Heimpel, S. A., & Michela, J. L. (2003). Savoring Versus Dampening: Self-Esteem Differences in Regulating Positive Affect. Journal of Personality and Social Psychology, 85(3), 566–580.

6. Klein, H. J., & Kozlowski, S. W. (2013). From micro to meso: Critical steps in conceptualizing and conducting multilevel research. Organizational Research Methods, 16(2), 211-236.

7. Huang, J. Y., & Bargh, J. A. (2014). The Selfish Goal: autonomously operating motivational structures as the proximate cause of human judgment and behavior. Behavioral and Brain Sciences, 37(2), 121-135.

8. Zahn, R., Moll, J., Paiva, M., Garrido, G., Krueger, F., Huey, E. D., & Grafman, J. (2009). The Neural Basis of Human Social Values: Evidence from Functional MRI. Cerebral Cortex, 19(2), 276–283.

9. Schneiderman, I., Zagoory-Sharon, O., Leckman, J. F., & Feldman, R. (2012).

Oxytocin during the initial stages of romantic attachment: Relations to couples' interactive reciprocity. Psychoneuroendocrinology, 37(8), 1277-1285.

10. Darley, J. M., & Gross, P. H. (1983). A hypothesis-confirming bias in labeling effects. Journal of Experimental Social Psychology, 19(6), 563-579.

11. Weiner, B. (1974). An attributional theory of achievement motivation and emotion. Psychological Review, 81(6), 542-547.

12. National Institute of Mental Health. (2021). Anxiety Disorders. Retrieved from https://www.nimh.nih.gov/health/topics/anxiety-disorders/index.shtml

13. Kammeyer-Mueller, J. D., & Wanberg, C. R. (2003). Unwrapping the organizational entry process: Disentangling multiple antecedents and their pathways to adjustment. Journal of Organizational Behavior, 24(5), 449-500.

14. Arnold, P. D., Zai, G., & Richter, M. A. (2004). Genetics of anxiety disorders. Current Psychiatry Reports, 6(4), 243-254.

15. Newman, M. G., Llera, S. J., Erickson, T. M., Przeworski, A., & Castonguay, L. G. (2013). Worry and generalized anxiety disorder: A review and theoretical synthesis of evidence on nature, etiology, mechanisms, and treatment. Annual Review of Clinical Psychology, 9, 275-297.

16. Eisenberger, N.I., Lieberman, M.D., & Williams, K.D. (2003). Does rejection hurt? An fMRI study of social exclusion. Science, 302(5643), 290-292.

17. Kessler, R. C., Berglund, P., Demler, O., Jin, R., Merikangas, K. R., & Walters, E. E. (2005). Lifetime prevalence and age-of-onset distributions of DSM-IV disorders in the National Comorbidity Survey Replication. Archives of general psychiatry, 62(6), 593-602.

## Part 02

**1.** Kray, L. J., Galinsky, A. D., & Wong, E. M. (2006). Thinking within the box: The relational processing style elicited by counterfactual mind-sets. Journal of Personality and Social Psychology, 91(1), 33-48.

**2.** "Bad is stronger than good" by Baumeister, Bratslavsky, Finkenauer, & Vohs (2001).

**3.** Brockner, J., & Wiesenfeld, B. M. (1996). An integrative framework for explaining reactions to decisions: Interactive effects of outcomes and procedures. Psychological bulletin, 120(1), 189-208.

**4.** Keltner, D., & Anderson, C. (2000). Saving face for Darwin: The functions and uses of embarrassment. Current Directions in Psychological Science, 9(6), 187-192.

**5.** Mather, M., & Carstensen, L. L. (2005). Aging and motivated cognition: The positivity effect in attention and memory. Trends in Cognitive Sciences, 9(10), 496-502.

**6.** Bower, G. H., Gilligan, S. G., & Monteiro, K. P. (1981). Selectivity of learning caused by affective states. Journal of Experimental Psychology: General, 110(4), 451-473.

**7.** Elliot Aronson and Judson Mills. The Effect of Severity of Initiation on Liking for a Group. Journal of Abnormal and Social Psychology, Vol. 59, No. 2, 1961, pp. 177-181.

**8.** Client-centered/experiential psychotherapy and counseling: Bibliographical survey 1991-1993.

**9.** Podsakoff, P. M., MacKenzie, S. B., Lee, J.-Y., & Podsakoff, N. P. (2003). Common method biases in behavioral research: A critical review of the literature and recommended remedies. Journal of Applied Psychology, 88(5), 879–903.

**10.** DePaulo, B. M., Kashy, D. A., Kirkendol, S. E., Wyer, M. M., & Epstein, J. A. (1996). Lying in everyday life. Journal of Personality and Social Psychology, 70(5), 979-995.

**11.** DePaulo, B. M., Lindsay, J. J., Malone, B. E., Muhlenbruck, L., Charlton, K., & Cooper, H. (2003). Cues to deception. Psychological Bulletin, 129(1), 74–118.

**12.** Ruddy R, House A. Psychosocial interventions for conversion disorder. Cochrane Database Syst Rev. 2005 Oct 19;(4).

**13.** https://www.cipd.org/globalassets/media/zzz-misc---to-check/uk-working-lives-2_tcm18-40225.pdf

**14.** Lammers, J., Stoker, J. I., Jordan, J., et al. (2011). Power Increases Infidelity Among Men and Women. Psychological Science, 22(9), 1191-1197.

## Part 03

**1.** Lupyan, G., & Swingley, D. (2012). Self-directed speech affects visual search performance. Quarterly Journal of Experimental Psychology, 65(6), 1068-1085.

**2.** Roese, N. J., & Vohs, K. D. (2012). Hindsight bias. Perspectives on Psychological Science, 7(5), 411-426. doi: 10.1177/1745691612454303

**3.** Bughin, J., Chui, M., & Manyika, J. (2018). Notes from the AI frontier: Applications and value of deep learning. McKinsey Global Institute.

**4.** Sedikides, C., & Gregg, A. P. (2008). Self-enhancement: Food for thought. Perspectives on Psychological Science, 3(2), 102-116.

**5.** Rivera, L. A. (2012). Hiring as cultural matching: The case of elite professional service firms. American sociological review, 77(6), 999-1022.

**6.** Sin, N.L., & Lyubomirsky, S. (2018). Enhancing well-being and alleviating depressive symptoms with positive psychology interventions: A practice-friendly meta-analysis. Journal of Personality and Social Psychology, 115(5), 799-812.

7. British Association for Counselling and Psychotherapy. (2018). Study reveals the UK is becoming increasingly irritated.

8. Carver, C. S., Scheier, M. F., & Weintraub, J. K. (1989). Assessing coping strategies: A theoretically based approach. Journal of Personality and Social Psychology, 56(2), 267-283.

9. Heppner, P. P., Witty, T. E., & Dixon, W. A. (2004). Problem-Solving Appraisal and Human Adjustment: A Review of 20 Years of Research Using the Problem Solving Inventory. The Counseling Psychologist, 32(3), 344-428.

10. Riggio, R. E., & Friedman, H. S. (1982). Individual differences and cues to deception. Journal of Personality, 50(2), 237-256.

11. Valkenburg, P. M., & Peter, J. (2007). Preadolescents' and adolescents' online communication and their closeness to friends. Developmental Psychology, 43(2), 267-277.

12. Tamir, M., & Ford, B. Q. (2012). Should people pursue feelings that feel good or feelings that do good? Emotional preferences and well-being. Emotion, 12(5), 1061-1070.

13. Addis, M. E., & Mahalik, J. R. (2003). Men, masculinity, and the contexts of help seeking. American Psychologist, 58(1), 5-14.

14. Porath, C. L., & Pearson, C. M. (2010). The cost of bad behavior: How incivility is damaging your business and what to do about it. Stanford University Graduate School of Business Research Paper No. 2080.

15. van de Ven, N., Zeelenberg, M., & Pieters, R. (2009). Leveling up and down: The experiences of benign and malicious envy. Emotion, 9(3), 419-429.

16. Wu, J., Balliet, D., & Van Lange, P. A. M. (2016). Gossip Versus Punishment: The Efficiency of Reputation to Promote and Maintain Cooperation. Scientific Reports, 6, 23919.

## Part 04

1. Roberts, B. W., Jackson, J. J., Fayard, J. V., Edmonds, G. W., & Meints, J. (2009). Conscientiousness. In M. R. Leary & R. H. Hoyle (Eds.), Handbook of individual differences in social behavior (pp. 369-381). Guilford Press.

2. Dunbar RIM. Breaking Bread: the Functions of Social Eating. Adapt Human Behav Physiol. 2017;3(3):198-211.

3. Gross, J. J., & John, O. P. (2003). Individual differences in two emotion regulation processes: Implications for affect, relationships, and well-being. Journal of Personality and Social Psychology, 85(2), 348–362.

4. Levenson, R. W., Carstensen, L. L., Friesen, W. V., & Ekman, P. (1991). Emotion, physiology, and expression in old age. Psychology and Aging, 6(1), 28–35.

5. Harvard Business Review (HBR): "What Great Listeners Actually Do" by Jack Zenger and Joseph Folkman, March 14, 2016.

6. Misra, S., Cheng, L., Genevie, J., & Yuan, M. (2014). The iPhone effect: The quality of in-person social interactions in the presence of mobile devices. Environment and Behavior, 46(6), 806-823.

7. Kaplan, J. T., Gimbel, S. I., & Harris, S. (2016). Neural correlates of maintaining one's political beliefs in the face of counterevidence. Social cognitive and affective neuroscience, 11(11), 1737-1744.

8. Aronson, E. (1966). The Effect of a Pratfall on Increasing Interpersonal Attractiveness. Journal of Personality and Social Psychology, 4(1), 91-93.

9. Buss, D. M. (1989). Sex differences in human mate preferences: Evolutionary hypotheses tested in 37 cultures. Behavioral and Brain Sciences, 12(01), 1-49.

10. Gawronski, B., & Strack, F. (2004). On the propositional nature of cognitive consistency: Dissonance changes explicit, but not implicit attitudes. Journal of Experimental Social Psychology, 40(4), 535-542.

**11.** Holt-Lunstad, J., Smith, T. B., & Layton, J. B. (2010). Social relationships and mortality risk: A meta-analytic review. PLoS Medicine, 7(7), e1000316.

**12.** Lambert, N. M., Fincham, F. D., & Stillman, T. F. (2012). Gratitude and the quality of romantic relationships: The mediating role of trust and commitment. Journal of Social and Clinical Psychology, 31(6), 641-665.

**13.** Dunn, E. W., Aknin, L. B., & Norton, M. I. (2008). Spending money on others promotes happiness. Science, 319(5870), 1687-1688.

**14.** Cialdini, R. B. (1984). Influence: The Psychology of Persuasion. HarperCollins Publishers.

**15.** Carlsmith, K. M., Wilson, T. D., & Gilbert, D. T. (2008). The paradoxical consequences of revenge. Journal of Personality and Social Psychology, 95(6), 1316-1324.

**16.** Cesário, F., Rodrigues, A., Castanheira, F., & Sabino, A. (2016). The role of reaction to feedback in the relationship between performance management, job satisfaction and the leader-member exchange (LMX). Journal of Management Development, 35(10), 1282-1295.

## Part 05

**1.** Burger, J. M. (1992). Desire for control: Personality, social, and clinical perspectives. Plenum Press.

**2.** Bono, J. E., & Judge, T. A. (2004). Personality and transformational and transactional leadership: A meta-analysis. Journal of Applied Psychology, 89(5), 901-910.

**3.** Gagné, M., Forest, J., Gilbert, M. H., Aubé, C., Morin, E., & Malorni, A. (2010). The motivation at work scale: Validation evidence in two languages. Educational and Psychological Measurement, 70(4), 628-646.

4. Carver, C. S., & Connor-Smith, J. (2010). Personality and coping. Annual Review of Psychology, 61, 679-704.

5. Galinsky, A. D., Magee, J. C., Inesi, M. E., & Gruenfeld, D. H. (2006). Power and perspectives not taken. Psychological Science, 17(12), 1068-1074.

6. Galinsky, A. D., & Moskowitz, G. B. (2000). Perspective-taking: Decreasing stereotype expression, stereotype accessibility, and in-group favoritism. Journal of Personality and Social Psychology, 78(4), 708-724.

7. Ayduk, Ö., Mendoza-Denton, R., Mischel, W., Downey, G., Peake, P. K., & Rodriguez, M. (2000). Regulating the interpersonal self: Strategic self-regulation for coping with rejection sensitivity. Journal of Personality and Social Psychology, 79(5), 776-792.

8. Nickerson, R. S. (1998). Confirmation bias: A ubiquitous phenomenon in many guises. Review of General Psychology, 2(2), 175-220.

9. Borsari, B., & Carey, K. B. (2001). Peer influences on college drinking: A review of the research. Journal of Substance Abuse, 13(4), 391-424.

10. Sayette, M. A., Creswell, K. G., Dimoff, J. D., Fairbairn, C. E., Cohn, J. F., Heckman, B. W., & Kirchner, T. R. (2012). Alcohol and group formation: A multimodal investigation of the effects of alcohol on emotion and social bonding. Psychopharmacology, 227(2), 247-257. doi: 10.1007/s00213-012-2955-y.

# 말의 진심

초판 1쇄 인쇄 | 2023년 11월 05일
초판 1쇄 발행 | 2023년 11월 10일

지은이 | 최정우
펴낸이 | 정서윤

편집 | 추지영
디자인 | 지 윤
마케팅 | 신용천
물류 | 책글터

펴낸곳 | 밀리언서재
등록 | 2020. 3. 10 제2020-000064호
주소 | 서울시 마포구 동교로 75
전화 | 02-332-3130
팩스 | 02-3141-4347
전자우편 | million0313@naver.com
블로그 | https://blog.naver.com/millionbook03
인스타그램 | https://www.instagram.com/millionpublisher_/

ISBN 979-11-91777-40-6 03190

값 · 17,500원